JULIUS FORSCHT

IM WALD

FORSCHEN, ENTDECKEN, BASTELN

Michael König

INHALT

WEIDMANNSHEIL!

Dies ist der Gruß der Jäger untereinander. Vielleicht hast du schon mal gehört, dass man darauf „Weidmannsdank" antwortet. Das machen die Jäger nur dann, wenn man ihnen zu einem Jagderfolg gratuliert oder ein Nichtjäger sie mit „Weidmannsheil" grüßt. Da es in diesem Buch zwar auch um Tiere geht, aber nicht ums Jagen, passt der Spruch nicht so richtig. Aber neben den Weidmännern gibt es auch die Weidegänger. Das sind Tiere, die sich hauptsächlich von Pflanzen ernähren und dabei Gräser und Kräuter auf den Weiden fressen. Neben Rindern und Schafen gehören auch Rehe zu dieser Spezies.

Im Wald geht es hauptsächlich ums Fressen: Bienen fliegen knapp die Hälfte ihres nur 35 Tage langen Lebens von Blüte zu Blüte, um Nektar für ihren Stock zu sammeln. Ganz nebenbei verbreiten sie den Blütenstaub in den Blüten anderer Blumen, wodurch diese befruchtet werden und sich fortpflanzen. Ameisen bevorzugen tote Insekten, die sie in ihren Bau tragen und dann gemeinsam fressen. Dabei reinigen sie den Wald – bis zu 100.000 Schädlinge entsorgt ein Ameisenvolk pro Tag. Julius findet das höchst spannend und hat einen Parcours mit unterschiedlichen Futterarten aufgebaut. Im Angebot gibt es Zitronenabrieb, Lorbeer- und Pflanzenblätter, Schinken, Salami, Honig, Zimtpulver sowie braunen und weißen Zucker. Was glaubst du, haben die Ameisen verschmäht und was ist ihre Delikatesse? Auf Seite 26 erfährst du es.

Ein weiteres Tier mit einer besonderen Fressgewohnheit ist der Specht. Er muss sich erst mit seinem Schnabel durch die Rinde klopfen, bis er an Käfer und Larven herankommt. Warum er sich dabei nicht verletzt, erklärt Julius dir auf den folgenden Seiten, ebenso wie die Überlebensstrategien der Tiere im Winter. Da Futter knapp wird, fressen sich einige Tiere eine Fettschicht an und legen sich schlafen – der Siebenschläfer tatsächlich sieben Monate lang. Das Eichhörnchen versteckt im Herbst Samen und Nüsse und verkriecht sich im Winter in sein Versteck, um dort zu ruhen. Wenn es Hunger bekommt, holt es sich Nachschub und schläft weiter.

Neben den Tieren haben auch die Bäume und Pflanzen Hunger und Durst. Sie ziehen Nährstoffe und Wasser aus der Erde und Kohlendioxid aus der Luft. Das brauchen sie zum Wachsen. Als „Abfallprodukte" erzeugen sie Sauerstoff und Zucker. Diesen Stoffwechsel nennt man Fotosynthese. Julius hat in einem Experiment nachgewiesen, dass Pflanzen Sauerstoff produzieren. Wir Menschen brauchen die Wälder zum Leben und sollten sie erhalten. Der größte Wald der Erde ist übrigens die Taiga, ein Nadelwaldgebiet, das sich über Kanada, Norwegen und Sibirien erstreckt. Es umfasst 14 Millionen Quadratkilometer.

ENTDECKEN

FORSCHEN

Der Wald ist ganzjährig geöffnet und zu jeder Jahreszeit spannend: Wie diese Bäume sich verändern, hat Julius an seiner Lieblingskastanie festgehalten. Im Frühling blüht der Baum in voller Pracht und lockt Bienen an, im Sommer sind die Blätter sattgrün und die Kastanienfrüchte beginnen zu wachsen. Im Herbst ist es dann soweit, die Früchte sind reif und fallen auf den Boden. Dabei öffnet sich die stachelige Kapsel, und die Kastanien rollen heraus. Wenn sie ein wenig Glück haben, entstehen aus ihnen neue Bäume. Julius macht den Test und schneidet sie auf – und tatsächlich findet er darin die winzigen Keimblätter. In einem Experiment pflanzt er eine Kastanie zuhause im Garten ein. Ob daraus ein 30 Meter hoher Baum wächst?

Der Wald bietet viel Stoff für kreative DIY-Projekte. Im Frühling sammelt Julius mit seinen Schwestern Bärlauch und verarbeitet die Blätter zu einem Pesto. Um den Insekten ein Zuhause zu bieten, bastelt er ein Hotel für sie und beobachtet die Besucher. So viel sei verraten: Die Schnecken waren die ersten Gäste. Auf Seite 30 erfährst du, wer danach ins Hotel einzog. Im Sommer malt Julius ein Rindenbild und stellt Sirup aus Holunderblüten her. Im Herbst kratzt er den Harz von den Baumrinden und macht daraus Räucherstäbchen. Wenn man sie anzündet, riechen sie ähnlich wie Weihrauch. Im Winter fertigt Julius sich Schneeschuhe aus Weidenzweigen an, die er prima bei der Suche nach Tierspuren im Schnee verwenden kann.

Viel Spaß im Wald!

Dein Richard

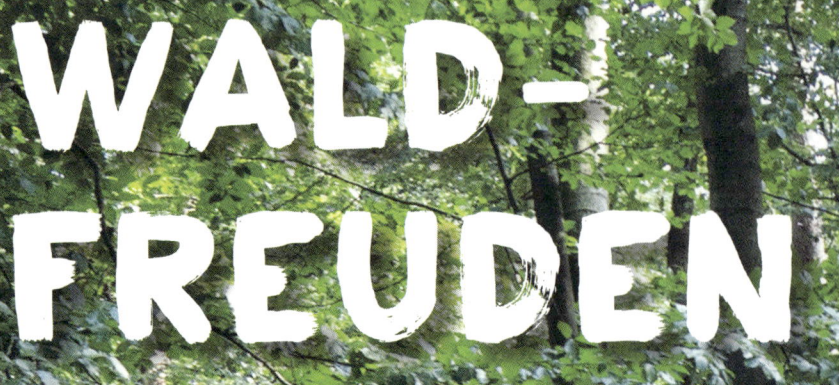

WALD-FREUDEN

Wusstest du, dass es Waldkindergärten gibt? In diesen „Kindergärten ohne Dach und Wände" sind die Erzieher mit den Kindern das ganze Jahr über draußen im Wald oder auf der Wiese. Wenn es stark regnet, hagelt, donnert oder blitzt, sucht die Gruppe in einem beheizten Bauwagen oder einer Waldhütte Schutz. Im Gegensatz zum normalen Kindergarten gibt es im Waldkindergarten in der Regel kein Spielzeug, vielmehr beschäftigen sich die Kinder mit Gegenständen, die sie in der Natur finden. Dies fördert ihre Kreativität, Wahrnehmungsfähigkeit, Motorik und Sprachentwicklung. Neben den Waldfreuden lauert allerdings auch eine Gefahr im Unterholz: Zecken. Diese kleinen Blutsauger können gefährliche Krankheiten übertragen. Wie gut, dass man sich dagegen impfen lassen kann.

Warum wir den Wald zum Leben brauchen und uns ein Spaziergang in der Natur guttut, erklärt Julius dir in diesem Kapitel. Außerdem stellt er die wichtigsten Bäume und Tiere im Wald vor – bis auf die blöde Zecke.

DER WALD ATMET!

Man nennt den Wald auch „grüne Lunge", denn wie wir Menschen atmet er. Nur andersherum: Er saugt Kohlendioxid mit seinen Blättern ein und gibt Sauerstoff an die Umwelt ab. Deshalb sind die Wälder für Menschen und Tiere lebensnotwendig. Diese Pflanzenatmung nennt man Fotosynthese.

Wenn die Sonne nicht mehr scheint, funktioniert die Fotosynthese auch nicht mehr. Da die Blätter nachts aber trotzdem weiter atmen, nehmen sie Sauerstoff auf und strömen Kohlendioxid aus. Deshalb achte darauf, dass du nicht mit zu vielen Pflanzen in einem kleinen Zimmer schläfst.

DIE FOTOSYNTHESE

Blattgrün
Die Umwandlung des Kohlendioxids in Sauerstoff geschieht im Chlorophyll, dem grünen Farbstoff der Blätter. Da in den Blättern der Laubbäume mehr Chlorophyll steckt als in den Nadeln der Nadelbäume, produzieren sie auch mehr Sauerstoff.

Sonnenlicht
Der Blätter des Baums nehmen Sonnenenergie auf.

Kohlendioxid
Dieses Gas atmen wir aus, für uns ist es ein Abfallprodukt. Der Baum hingegen saugt es über seine Blätter ein.

Nährstoffe
Aus dem Boden zieht der Baum wichtige Nährstoffe wie Stickstoff, Phosphor, Kalium, Magnesium, Kalzium und Schwefel.

Sauerstoff
Für uns ist Sauerstoff lebensnotwendig. Der Baum erzeugt ihn aus der Umwandlung von Kohlendioxid, Wasser und Mineralien.

Zucker
Ein weiteres Ergebnis der Fotosynthese ist Zucker. Diesen braucht der Baum zum Wachsen.

Wasser
Der Baum nimmt über seine Wurzeln Wasser auf.

GRÜNE LUNGE

1 **Taiga in Kanada, Norwegen und Sibirien**
Mit insgesamt 14 Millionen Quadratkilometern bilden diese Nadelwälder den größten zusammenhängenden Waldkomplex der Erde (35 Prozent der Gesamtfläche). Die Bewohner müssen im Winter Temperaturen unter Minus 40 Grad aushalten. Das schaffen vor allem die Nadelbäume Fichte, Tanne, Kiefer und Lärche sowie robuste Tiere wie Bären, Wölfe, Füchse, Luchse und Bieber.

2 **Amazonas in Südamerika**
Dieser Regenwald hat eine Fläche von 5,5 Millionen Quadratkilometern (14 Prozent der Gesamtfläche). Bei heiß-feuchtem Klima mit Temperaturen über 23 Grad und sechs Monaten Regenzeit wuchern bis zu 60 Meter hohe Bäume unterschiedlichster Art und leben zahlreiche Tierarten wie Paradiesvögel, Tukane, Faultiere, Affen, Chamäleons, Jaguare, Krokodile, Piranhas und Flussdelfine.

3 **Regenwald in Afrika**
Im und entlang des Kongos und seiner Nebenflüsse findet man auf einer Fläche von 1,8 Millionen Quadratkilometern (5 Prozent der Gesamtfläche) neben Gorillas, Flusspferden und Elefanten auch seltene Tierarten wie die fast ausgestorbenen Waldelefanten oder das Okapi, das aussieht wie eine Mischung aus Giraffe, Pferd und Zebra. Außerdem leben in dem Wald auch Naturvölker im Einklang mit der Natur.

Wälder werden auch als „grüne Lunge" bezeichnet, da sie schädliches Kohlendioxid einatmen und wertvollen Sauerstoff wieder ausatmen. Legt man alle Wälder der Erde zusammen, kommt man auf eine Fläche von 40 Millionen Quadratkilometern – das sind 27 Prozent der gesamten Landfläche. Dabei sind die grünen Lungen in den Ländern ungleich verteilt. Während es in Monaco keinen Wald gibt, besteht Suriname in Südamerika zu 98 Prozent aus Bäumen. In Deutschland liegt der Anteil des Waldes bei 33 Prozent.

Übrigens: 42 Prozent der Fotosynthese der Erde wird von Meeresorganismen, dem Phytoplankton, in den Meeren durchgeführt – quasi von der „blauen Lunge".

DAS FOTOSYNTHESE-EXPERIMENT

TEIL 1: WINDLICHT OHNE PFLANZE

Sauerstoff brauchen wir zum Leben – Feuer übrigens auch. Weißt du, wie man ein Feuer außer mit Wasser löschen kann? Indem man eine Decke über die Flammen legt und ihm damit den Sauerstoff nimmt. Julius möchte mit einem Experiment nachweisen, dass Pflanzen bei der Fotosynthese Sauerstoff erzeugen. Er nimmt hierzu ein Windlicht-glas, klebt die Öffnungen mit Klebeband zu und lässt darin eine Kerze brennen – einmal ohne und einmal mit einer Pflanze. Lass dir beim Nachmachen des Experiments von deinen Eltern helfen.

Stell eine Kerze in das Windlicht und zünde sie an.

Bedecke die brennende Kerze mit dem Glaszylinder.

Nun heißt es warten. Langsam wird die Flamme im Windlicht kleiner.

Nach 20 Sekunden ist Julius' Flamme erloschen. Der Sauerstoff in dem Windlicht ist verbraucht.

Platziere neben der Kerze eine Pflanze, stülpe das Glas darüber und lass das Windlicht eine halbe Stunde auf der Fensterbank stehen, damit die Pflanze Sauerstoff produzieren kann.

WIE DAS WALDABHOLZEN UNSER KLIMA VERÄNDERT

1 Werden die Wälder zerstört, wird der Kohlenstoff, den die Bäume bei der Fotosynthese gespeichert haben, freigesetzt und verwandelt sich wieder in Kohlendioxid.

2 Das Kohlendioxid bewirkt in der Atmosphäre den Treibhauseffekt: Die Erde heizt sich immer mehr auf. Das Gas bleibt übrigens durchschnittlich 120 Jahre in der Atmosphäre.

3 In Folge des Treibhauseffekts steigen die Temperaturen auf der Erde weiter an – bis zum Jahr 2100 geschätzt um bis zu 5,8 Grad Celsius.

4 Die Klimaerwärmung führt zum Schmelzen der Gletscher und zum Anstieg des Meeresspiegels. Es fällt weniger Regen, mehr Menschen werden unter Wasserknappheit leiden. Ernten fallen aus, Hungersnöte folgen. Krankheitsüberträger wie Moskitomücken breiten sich weiter aus. Dürren, Überflutungen, heftige Regenfälle und Stürme drohen, und empfindliche Tier- und Pflanzenarten könnten dabei aussterben, etwa Korallenriffe, Feuchtgebiete in Küstennähe und Lebewesen in sehr kalten Erdregionen.

Bitte jemanden, das Glas anzuheben, und zünde die Kerze an.

Beobachte, wie die Kerze brennt und die Flamme langsam kleiner wird.

35 SEK.

DAS EXPERIMENT HAT GEKLAPPT!

Über 35 Sekunden hat Julius' Kerze im Windlicht gebrannt. Die Pflanze hat für sie Sauerstoff produziert.

KLEINES BAUM-EINMALEINS

Kennst du die verschiedenen Baumarten? Nadel- und Laubbäume sind leicht zu unterscheiden.
Aber was unterscheidet eine Fichte von einer Kiefer oder eine Eiche von einer Buche?
Julius zeigt dir die vier häufigsten Baumarten und woran du sie erkennen kannst.

FICHTE

KIEFER

Die Fichte ist in unseren Wäldern weit verbreitet (knapp 30 Prozent), da sie schnell wächst und es auch an freien Flächen mit wenig Schutz vor Sonne, Wind und Frost gut aushält. Die Zapfen haben ein intelligentes System, ihre Samen zu verteilen: Bei Trockenheit öffnen sie sich, damit der Wind die extrem leichten Samen (1.000 Körner wiegen nur acht Gramm!) gut verbreiten kann. Wenn es regnet, schließen sie sich. Die Samen sind auf dem Waldboden bis zu fünf Jahre keimfähig.

Die Kiefer kann bis zu 600 Jahre alt werden. Kein Wunder, denn sie ist zäh und trotzt den Witterungseinflüssen. Kiefernholz ist sehr harzreich. Das Harz ist ein natürlicher Abwehrmechanismus der Bäume gegen Rindenverletzungen und eindringende Schädlinge. Wenn man es destilliert, gewinnt man Kiefernnadelöl, mit dem man bei einer Erkältung inhalieren oder sich die Brust einreiben kann. Du erkennst Kiefern gut an ihren Nadeln, die vier bis sechs Zentimeter lang sind.

Die Eiche kann bis zu 1.400 Jahre alt werden und produziert im Laufe der Jahre ein sehr nachgefragtes Holz, das für den Bau von Häusern und Möbeln verwendet wird. In Eichenfässern reifen Wein und Bier, da das Holz sowohl für Flüssigkeiten dicht, aber durch seine Holzporen gleichzeitig auch atmungsaktiv ist. Etwa jeder zehnte Baum im Wald ist eine Eiche. Es gibt übrigens einen Raben, der aufgrund seiner Vorliebe für Eicheln nach diesem Baum benannt ist: der Eichelhäher.

Die Früchte der Buche sind die Bucheckern. Im Herbst öffnen sich die stacheligen Hüllen und fallen mit den darin liegenden Nüssen auf die Erde – eine Delikatesse für Wildschweine, Eichhörnchen und Mäuse. Die Buche wird auch „Mutter des Waldes" genannt, weil sie sich um sein Wohlergehen kümmert: Mit ihrer geschlossenen Krone schützt die Buche den Waldboden vor Austrocknung, mit ihren Wurzeln lockert sie das Erdreich auf, und durch ihre trichterförmig angeordneten Äste führt sie den Regen am Stamm entlang durch die Wurzeln ins Grundwasser.

WELTREKORDE

– Der älteste Baum ist mit 9.500 Jahren eine Fichte in Schweden.
– Der höchste Baum ist ein Rieseneukalyptus in Australien: 130 Meter.
– Der dickste Baum steht in Kalifornien, sein Umfang misst 31 Meter.
– Der kleinste Baum ist die Kraut-Weide, sie wird nur zwei bis zehn Zentimeter groß.

BÄUME VERÄNDERN SICH IM LAUFE DES JAHRES

FRÜHLING

Nach der kargen Winterzeit entwickeln sich aus den Knospen kleine Blätter; der Kastanienbaum wird wieder grün. Im Laufe des Frühlings bilden sich weiße Blüten, die in aufrechten Blütenständen wie Pyramiden zusammenstehen. Diese produzieren viel Nektar und Blütenstaub (bis zu 42 Millionen Pollen pro Blütenstand!), der Bienen anlockt. Die Blüten tragen einen gelben Fleck, der sich nach der Bestäubung durch die Bienen rot verfärbt.

SOMMER

Die Sonne scheint länger und stärker und gibt der Kastanie Energie. Die Blüten verschwinden, dafür beginnen die Früchte in kleinen stacheligen Kapseln zu wachsen. Von weitem sieht man die geschlossene grüne Baumkrone. Die großen Blätter sind handförmig geteilt: An den bis zu 20 Zentimeter langen Stielen sitzen fünf bis sieben fingerförmige Einzelblätter, an der Oberseite kahl und glänzend, an der Unterseite hellgrün mit dünnen Adern. Die Blätter werden 10 bis 20 Zentimeter lang und etwa 10 Zentimeter breit.

Julius zeigt dir den Jahreslauf der Natur an einer Kastanie, die in seinem Lieblingspark steht, wo er mit seinen Freunden auch immer Fußball spielt. Die Kastanie wird auch „gewöhnliche Rosskastanie" genannt, dabei ist sie alles andere als gewöhnlich: Im Frühling blüht sie prächtig, im Sommer spendet sie mit ihren saftig-grünen Blättern viel Schatten, im Herbst fallen glänzende Kastanien von den Ästen und im Winter trotzt sie mit ihren Ästen majestätisch der Kälte und dem Schnee. Sie kann bis zu 30 Meter groß und bis zu 300 Jahre alt werden. Die Bezeichnung „Ross" kommt übrigens daher, dass die Menschen die Kastanien früher ihren Pferden als Futter und Heilmittel gegen Pferdehusten gegeben haben. Für uns sind sie leider ungenießbar.

HERBST

Das Laub der Kastanie färbt sich gelb-orange-braun und fällt vom Baum. Die Kastanien sind mittlerweile ausgewachsen und schimmern glänzend rötlich-braun aus den teils geöffneten Stachelkapseln. Durch die kräftigen Herbstwinde werden sie vom Baum geschüttelt. Wenn sie auf den Waldboden fallen, platzt die dicke, stachelige Hülle auf und die glatten Früchte rollen heraus. Wenn Kinder sie nicht sammeln und Eichhörnchen, Wildschweine oder andere Tiere sie nicht fressen, können die Samen im Frühjahr keimen und daraus wieder Kastanienbäume wachsen.

WINTER

Die Rosskastanie hat ihre Blätter abgeworfen und sich dadurch winterfest gemacht. Das funktioniert so: Da über die Blätter Wasser verdunstet, muss der Baum viel trinken. Da Wasser im Winter aber häufig im Boden gefroren ist, zieht der Baum im Herbst die Nährstoffe aus den Blättern, lagert sie in den Wurzeln und verschließt die Blattstiele. Ohne Wasserzufuhr welken die Blätter und fallen ab. So kommt der Baum lange mit wenig Wasser aus. In Vorbereitung der neuen Blätter wachsen an den Zweigen Knospen. Diese sind 3 Zentimeter lang, rötlich-braun und sehr klebrig.

DIE TIERE IM WALD

WILDSCHWEIN

HIRSCH

REH

Wildscheine sind gesellige Tiere. Tagsüber liegen sie unter Büschen und schlafen, bei Dämmerung ziehen sie los und suchen Nahrung, am liebsten Mäuse, Würmer, Schnecken, Nüsse, Kastanien und Eicheln. Angeführt vom ältesten Weibchen pflügen sie mit ihren Schnauzen den Boden um. Auch wenn Wildschweine mit ihren im Vergleich zum Körper kurzen Beinen und einem Gewicht von 200 Kilogramm eher gedrungen und massiv aussehen, sind sie sehr flink. Zudem haben sie eine feine Nase, ein gutes Gehör und sind sehr intelligent. Werden sie bedroht, fliehen die äußerst scheuen Tiere mit einer Geschwindigkeit von bis zu 50 Stundenkilometer.

Er wird „König der Wälder" genannt, da er mit seinem großen Geweih majestätisch aussieht. Je älter ein Hirsch wird, umso verzweigter wird sein Geweih. Bei einem ausgewachsenen Tier kann es zwölf Enden haben und sechs Kilogramm wiegen. Jedes Jahr im Frühling wirft der Hirsch sein Geweih ab. Es erneuert sich jedoch sofort wieder und ist in drei bis vier Monaten nachgewachsen. Mit dem Geweih verteidigt der Hirsch während der Paarungszeit seine Hirschkühe (nicht Rehe, das ist eine andere Tierart) gegen männliche Kontrahenten. Kommt es zum Kampf, schlagen die Tiere ihre Geweihe aneinander. Der Gewinner heißt „Platzhirsch", da er sein Revier erfolgreich verteidigt hat. In seltenen Fällen kann es dazu kommen, dass sich zwei Hirsche mit ihren Geweihen so ineinander verhaken, dass sie sich nicht mehr befreien können und in der Folge verhungern und verdursten.

Das Reh sieht man nicht nur im Wald und auf Feldern, sondern auch in Parks. Es ist sehr scheu und vorsichtig, wobei ihm sein exzellentes Gehör und der feine Geruchssinn helfen. Rehe verfügen über eine spezielle Riechschleimhaut in ihrer Nase, mit deren Hilfe sie Menschen aus einer Entfernung von bis zu 400 Metern riechen können. Die seitlich stehenden Augen ermöglichen es ihnen, einen weiten Umkreis ohne Kopfdrehung zu überblicken. Wittert es Gefahr, flüchtet es mit bis zu sechs Meter weiten Sprüngen. Rehe werden häufig mit Hirschen verwechselt, dabei sind sie kleiner und leichter (nur 25 statt 250 Kilogramm). Dafür gibt es sie 15 Millionen Jahre länger auf der Erde als Hirsche.

BUNTSPECHT

Mit seinem kräftigen Schnabel pickt er Käfer und Larven aus der Rinde, hackt Nüsse auf, baut Höhlen in Stämme und kommuniziert durch das Klopfen mit anderen Vögeln. Dass er dabei keine Kopfschmerzen bekommt, liegt daran, dass sein Gehirn den Schädel genau ausfüllt und oberhalb des Schnabels liegt. Außerdem hat der Specht starke Muskeln im Schädel, die wie Stoß-dämpfer wirken.

ROTFUCHS

Tagsüber schläft der Fuchs, abends macht er sich auf Beutesuche. Er frisst Obst, Nüsse, Würmer, Larven, Kanin-chen und Mäuse. Um diese flinken Tiere zu erwischen, setzt er zum „Mäuse-sprung" an: Er springt in einem steilen Winkel ab, steuert den Flug mit seinem buschigen Schwanz und landet punkt-genau auf der Beute. Seit die Wälder immer stärker bewirtschaftet werden, zieht es die Füchse in die Städte, wo sie viel Nahrung finden.

EICHHÖRNCHEN

Sie sind extrem sportlich, klettern in Windeseile Bäume hoch und runter und finden auch auf glatten Oberflächen Halt. Dabei helfen ihnen ihre scharfen Krallen an den beweglichen Zehen. Sie können ihre Füße um 180 Grad drehen und damit ohne Probleme an Bäumen kopfüber herunterklettern. Außerdem können sie über fünf Meter weit von Ast zu Ast springen. Als Balancier-hilfe dient ihnen der buschige, bis zu 20 Zentimeter lange Schwanz. Mit dem decken sie sich während der Winter-ruhe in ihren kugelförmigen Nestern (Kobeln) sogar zu. Um nicht zu ver-hungern, vergraben die Eichhörnchen im Herbst mehrere Kilogramm Samen und Nüsse, von denen sie nur 60 Pro-zent wiederfinden. Die übrigen Samen überwintern und können im Frühling keimen. Sie tragen damit dazu bei, dass sich der Wald fortpflanzt.

WALDKAUZ

Diese Eulenart ist in Deutschland am meisten verbreitet. Entgegen seinem Namen, lebt der Waldkauz auch in Parks oder auf Friedhöfen. Er fühlt sich überall wohl, wo es Mäuse gibt. Durch seine samtigen Federn fliegt er auf der Suche nach ihnen fast geräuschlos durch die Nacht. Seine großen Augen und ausgezeichneten Ohren lassen der Beute wenig Chancen. Privat ist der Waldkauz ein Familientier: Hat er sein Weibchen erst einmal mit dem Lockruf „Huu-hu-huhuhuhuu" erobert, bleibt es ein Leben lang (etwa 18 Jahre) bei ihm.

BAUMMARDER

Der Baummarder lebt im Wald, kann sehr gut klettern und springen (bis zu vier Meter weit), weshalb er seinen Ruheplatz vorrangig in Baumhöhlen, verlassenen Eichhörnchen- oder Vogel-nestern anlegt. Tagsüber schläft er, nachts geht er auf Nahrungssuche. Dabei ist er nicht wählerisch: Mäuse, Ratten, Eichhörnchen, Vögel, Frösche, Schnecken, Insekten und Aas stehen genauso auf seinem Speiseplan wie Früchte, Beeren und Nüsse.

DIY WALD-QUARTETT
CHECK DEIN WISSEN ÜBER DEN WALD

Im Wald gibt es viel zu erkunden: Bäume, Pflanzen, Pilze, Moose, Tiere, Insekten. Das Leben im Wald ist durch die Jahreszeiten geprägt. Julius erklärt dir auf den nächsten Seiten, was das Besondere im Frühling, Sommer, Herbst und Winter ist, worin sich Laub- und Nadelbäume unterscheiden, wieso Bäume „schwitzen", Bienen nach einem Stich sterben, was mit dem Herbstlaub geschieht und welche Tiere im Winter schlafen und welche nur ruhen. Mit diesem Quartett kannst du im Anschluss dein Wissen festhalten, beim Spielen nochmal vertiefen und mit deinen Freunden teilen.

BASTELANLEITUNG

1 Falte ein DIN-A4-Blatt dreimal je in der Mitte zusammen, sodass acht Rechtecke entstehen.

2 Wiederhole diese Faltprozedur mit drei weiteren Blättern.

3 Schneide die 32 Rechtecke aus und beschrifte sie wie rechts dargestellt: „A1 Fichte", „A2 Kiefer" und so weiter.

4 Trage auf jeder Spielkarte die drei wichtigsten Eigenschaften des jeweiligen Begriffs ein.

SPIELREGELN

– Karten mischen und auf die Spieler aufteilen.
– Der Spieler links vom Kartengeber beginnt und fragt jemanden nach einer Karte („Hast du G1?").
– Falls ja, muss der Befragte die Karte herausgeben. Der Fragende darf solange Karten fordern, bis jemand die angeforderte Karte nicht hat. Dann ist dieser dran, Karten anzufordern.
– Sobald ein Spieler ein Quartett (zum Beispiel G1 – G4) hat, legt er es offen vor sich hin.
– Hat ein Spieler keine Karten mehr, ist er aus dem Spiel, und sein linker Nachbar fragt als Nächster nach Karten.
– Wer bis Spielende die meisten Quartette sammelt, gewinnt.

B3 Herbst

B2 Sommer

B4 Winter

B1 Frühling

1. GRÜNE BLÄTTER, DICHTE KRO...
2. STOFFWECHSEL, FOTOSYNTH...
3. FRÜCHTE WACHSEN AUS BL...

...FEN
...ERGEFAHREN
...WEIGEN

1. ERSTE BLÄTTER KEIMEN
2. BLÜTEN MIT POLLEN U. NEKTAR
3. BESTÄUBUNG DURCH BIENEN

WALD-QUARTETT

Du kannst auch ein Quartett mit den Steckbriefen deiner Freunde und Familie erstellen. Dazu 32 Karten mit den Namen versehen, zum Beispiel vier aus dem Fußballverein (A1 Benni, A2 Luki ...), vier Klassenkameraden (B1 Georg, B2 Timi ...), vier Nachbarn (C1 Mio, C2 Noah ...), vier aus der Familie (D1 Mama, D2 Emilia ...) und so weiter bis H4.

Darunter dann eine Zeichnung oder ein Foto von der Person setzen und die Spezifikation ausfüllen, zum Beispiel Lieblingsbaum, Lieblingsjahreszeit, Lieblingstier, Lieblingspilz, favorisierte Überlebensstrategie im Winter.

8 KATEGORIEN, 4 ARTEN, 32 SPIELKARTEN

BAUMARTEN	BÄUME IM JAHR	GROßE TIERE	KLEINE TIERE
A1 Fichte	B1 Frühling	C1 Eichhörnchen	D1 Bienen
A2 Kiefer	B2 Sommer	C2 Waldkauz	D2 Käfer
A3 Buche	B3 Herbst	C3 Wildschein	D3 Ameisen
A4 Eiche	B4 Winter	C4 Reh	D4 Schnecken

BLÄTTER-KREISLAUF	BÄUME LEBEN	PILZARTEN	ÜBERLEBENSSTRATEGIEN
E1 Stoffwechsel	F1 Essen und Trinken	G1 Steinpilz	H1 Winterstarre
E2 Laubfall	F2 Schwitzen	G2 Champignon	H2 Winterschlaf
E3 Kompostierung	F3 Reden	G3 Safranschirmling	H3 Winterruhe
E4 Wachstum	F4 Schlafen	G4 Rettich-Helmling	H4 Winterkuscheln

FRÜHLING

Alles wächst und blüht in der Natur, Wald und Wiese werden grün und bunt. Endlich kann man wieder draußen spielen und Ausflüge machen. Julius nimmt dich mit auf Entdeckungstour und zeigt dir die Blüten der Bäume und was man daraus Leckeres machen kann. Außerdem beobachtet er Bienen, Wespen und Hummeln sowie Ameisen und Schnecken.

Aber vorher muss er den Frühling mit seiner Wärme, den Gerüchen und Geräuschen aufnehmen und eins werden mit der Natur. Wo er das wohl aufgeschnappt hat? Tut aber gut, probier's mal aus!

DAS DUFTET!
IM FRÜHLING STEHEN DIE BÄUME IN VOLLER BLÜTENPRACHT

Wenn die Tage nach den dunklen Wintermonaten wieder länger werden und die Pflanzen und Tiere mehr Licht und Wärme erhalten, kehrt das Leben in den Wald zurück. An den Zweigen wachsen die ersten hellgrünen Blätter, mit denen die Bäume ihren Stoffwechsel wieder in Schwung bringen. Über die Blätter atmen sie Kohlendioxid ein, verarbeiten es zu Sauerstoff und atmen diesen wieder aus. Die Wurzeln ziehen Wasser und Nährstoffe aus dem Boden – beides brauchen sie zum Wachstum – und verdunsten Wasser über die Blätter.

Und noch was fällt beim Spaziergang durch den Frühlingswald direkt ins Auge und in die Nase: bunte, duftende Blüten an den Bäumen. Warum sich die Bäume so hübsch schmücken und wie du sie anhand der Blüten bestimmen kannst, verrät dir Julius auf diesen Seiten.

Fichte
Die männlichen Blüten sind hellbraun und kugelförmig, die weiblichen sind rot und wachsen als Zapfen (Foto).

Kiefer
Die männlichen Blüten sind eiförmig und grüngelb (Foto), die weiblichen leuchten rötlich und haben eine runde Form.

Buche
Die männlichen Blüten bestehen aus büscheligen Staubgefäßen (Foto), die weiblichen aus kleinen, grün-rötlichen Kapseln.

Eiche
Die männlichen Blüten bestehen aus gelb-grünen Blättern (Foto), die weiblichen aus dünnen grünen Zweigen mit rötlichen Knoten.

VON DER BLÜTE ZUR FRUCHT

Im Frühling wachsen an den Zweigen Blüten in unterschiedlichen Farben. Das sieht nicht nur schön aus, sondern dahinter steckt auch ein Plan: Wie wir Menschen pflanzen sich auch Bäume fort. Und hierfür brauchen sie Blüten und Bienen.

Die Blüten locken die Bienen durch ihre Form, ihre Farbe und ihren Duft an. Außerdem befindet sich in den Blüten süßer Nektar, den die Bienen lieben. Beim Saugen bleibt Blütenstaub an ihrem Körper hängen, den sie beim Besuch der nächsten Blüte dort abstreifen. Dadurch wird diese Blüte befruchtet, und im Laufe des Sommers wächst aus ihr ein Samen, der sich bis Herbst zu einer Frucht entwickelt. Und aus dieser Frucht kann ein neuer Baum wachsen.

Neben der Bestäubung durch Bienen gibt es auch Bäume, bei denen die Bestäubung durch den Wind geschieht. Sie haben männliche und weibliche Blüten an einem Zweig. Durch den Wind wird der Blütenstaub von der männlichen Blüte in die weibliche Blüte geweht und dadurch befruchtet.

WUSSTEST DU, DASS ...

... auch Wespen, Fliegen, Motten, Schmetterlinge und Käfer Blüten bestäuben?
... Nadelbäume ihre Blüten durch den Wind bestäuben lassen? Das liegt daran, dass es sie schon gab, bevor die ersten Insekten als Bestäuber auftraten.
... Bäume erst nach Jahren die erste Blüte erleben? Während Fichten schon nach zehn Jahren so weit sind, dauert die „Jugendphase" bei Eichen mindestens 60 Jahre.
... Bäume alle zwei bis sechs Jahre richtig stark blühen? Diese sogenannten Mastjahre sind die Folge von extremer Trockenheit und Hitze. Die Bäume wollen möglichst viele Früchte hervorbringen, um ihre Art zu erhalten. Man spricht auch von „Angstblüte".
... manche Blumen schon im Schnee blühen? Diesen Frühblühern wie Schneeglöckchen, Primel, Krokus und Narzisse reichen Temperaturen knapp über Null Grad. Sie nutzen die Winterzeit zur Blüte, bevor ihnen die Bäume mit ihrem Blätterdach den Zugang zur Sonne blockieren.

DAS GROßE SUMMEN

Im Frühling werden die Tiere durch die Wärme wieder aktiv. Die Insekten erwachen aus der Kältestarre und bekommen Hunger. Da kommen die vielen Blüten für die Bienen gerade richtig. Das große Summen kann beginnen.

DAS KURZE LEBEN DER WILDBIENEN

Die im Wald lebenden Wildbienen sind, anders als die Honigbienen, die wir kennen, richtige Einzelgänger. Anstatt mit einem Volk gemeinsam in einem Bienenstock zu leben, schlagen sie sich alleine durchs Leben. Und dieses dauert nur maximal acht Wochen.

Im Frühjahr schlüpfen die Bienen aus den Brutröhren und paaren sich miteinander. Das Weibchen baut ein neues Nest, sammelt darin Nektar und Blütenstaub, legt ein Ei darin ab und verschließt es mit Lehm, Pflanzenteilen oder Harz. Bis zu 30 befruchtete Eier und Brutstellen schafft die Biene, bevor sie stirbt. Wenn die Larven aus den Eiern geschlüpft sind, ernähren sie sich von dem Proviant, verpuppen sich und schlüpfen im kommenden Frühling als Biene aus dem Nest. Der Kreislauf des Bienenlebens beginnt von Neuem.

Einige Bienen bauen keine eigenen Brutröhren, sondern legen ihre Eier in fremde Nester, die schon teilweise mit Vorrat gefüllt sind. Dazu passen sie den Zeitpunkt genau ab, wenn die Nestbauerinnen auf Nahrungssuche sind. Man nennt diese Schmarotzer – wie bei den Vögeln – Kuckucksbienen.

Es gibt über 500 verschiedene Arten von Wildbienen. Sie können sehr unterschiedlich aussehen:

GRAUE SANDBIENE

MASKENBIENE

ROTE MAUERBIENE

Wahrscheinlich hast du schon einmal solche Holzkästen im Wald oder auf der Wiese gesehen. Imker haben sie aufgestellt, um den Bienenvölkern ein Zuhause zu geben und aus den Waben Honig zu gewinnen. In einem solchen Bienenstock hängen mehrere Rahmen, in denen die Honigbienen ihre Waben bauen. Ein Volk umfasst etwa 70.000 Bienen und besteht aus:

Bienenkönigin

Sie ist das Oberhaupt des Volkes und für den Fortbestand verantwortlich. Täglich legt sie bis zu 1.500 Eier! Um diese Höchstleistung zu bewältigen, wird sie von den Arbeiterinnen mit dem Drüsensekret Gelée Royale gefüttert, welches sie größer, leistungsfähiger und älter (bis zu fünf Jahre) als andere Bienen werden lässt. Über den Duftstoff Pheromon steuert die Königin, dass die anderen Bienen keine Eier legen. Wenn sie alt wird, lässt der Duft nach und die Arbeiterinnen bauen spezielle Brutzellen für die neue Königin.

Drohnen

Ihre einzige Aufgabe ist es, die Königin zu begatten. Dies geschieht auf dem spektakulären Hochzeitsflug, auf dem die Königin mit ihrem Pheromon bis zu 20.000 Drohnen anlockt. Zum Zuge kommen allerdings nur zehn bis 15 Drohnen, die direkt danach sterben.

Arbeiterinnen

Sie machen 90 Prozent des Volkes aus und übernehmen im Laufe ihres kurzen Lebens (35 Tage) verschiedene Tätigkeiten: anfangs Brutzellen putzen und Maden füttern, dann Honig machen, Waben bauen und den Stockeingang bewachen und schließlich Nektar, Blütenstaub, Harz und Wasser sammeln. Stoßen sie bei ihren Flügen auf viele Blüten, bringen sie eine Nektarprobe in den Stock und informieren andere Bienen durch einen Tanz, wo, wie viel und in welcher Qualität der Nektar zu finden ist.

HUMMELN LiEBEN LiLA

Blüten gibt es in mehreren Tausend Farbtönen. Und die Insekten haben spezielle Vorlieben: Bienen steuern gerne gelbe und blaue Blüten an, Schmetterlinge zusätzlich noch rote und Nachtfalter orientieren sich in der Dunkelheit an weißen Blüten. Hummeln bevorzugen bei der Nahrungssuche die Farbe Lila.

Das kommt nicht von ungefähr: Hummeln starten im Frühling bereits bei Temperaturen von sechs Grad, Bienen trauen sich erst ab zehn Grad aus dem Stock. Um die Körpertemperatur von 30 Grad zu halten, trinken die Hummeln warmen Nektar, den sie in lila Blüten finden. Manche Pflanzen erzeugen genau diesen Farbstoff, um die Wärme der Sonne in ihren Blüten zu speichern. Das haben sich die Hummeln gemerkt und Lila als ihre Lieblingsfarbe ausgewählt.

TÖDLICHER STICH

Damit Wespen, Hornissen oder andere Feinde nicht in den Stock eindringen können, bewachen Wächterbienen den Eingang. Ab und zu kommt es da auch mal zu körperlichen Auseinandersetzungen. Wenn die Biene dabei ihren Stachel einsetzt, endet dass auch für sie tödlich. Denn der Stachel bleibt mit seinen kleinen Widerhaken in der Haut des Eindringlings stecken und reißt ab. Die Biene stirbt dann an ihren Verletzungen.

DER AMEISEN-PARCOURS

Ameisen sind die Müllabfuhr des Waldes. Auf der Suche nach Nahrung stoßen sie auch auf tote Insekten, die sie in den Bau tragen und dort fressen. Auf diese Weise reinigen sie den Wald – bis zu 100.000 Schädlinge entsorgt ein Volk pro Tag. Aber was mögen Ameisen gerne und was verschmähen sie? Julius zeigt dir das in einem Experiment.

Nun den Parcours neben einen Ameisenbau legen und warten, bis die erste Ameise vorbeischaut.

Als erstes wird der Honig angesteuert – die Ameisen saugen einige Minuten lang daran.

Auch der Schinken zieht die Ameisen an.

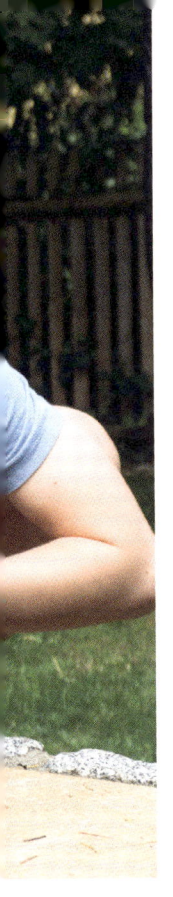

Lege verschiedene Lebensmittel für die Ameisen zurecht: Zitrone, Lorbeer- und Pflanzenblätter, Schinken, Salami, Honig, Zimtpulver sowie braunen und weißen Zucker.

Befestige ein weißes Blatt mit Büroklammern auf einem Karton und verteile die Nahrung darauf.

Die Schinkenstücke werden zum Fressen in den Bau getragen. Dabei packen mehrere Ameisen gemeinsam an.

FAZIT

Schinken und Honig sind die Favoriten der Ameisen. Salami, Zucker und die Blätter werden beschnuppert, aber nicht gefressen. Um die Zitrone und den Zimt machen die Ameisen einen großen Bogen.

Da dieses Schinkenstück zu groß für den Eingang des Baus ist, beißen es die Ameisen in mehrere kleine Stücke.

DIY INSEKTEN-HOTEL

Am besten kann man Tiere beobachten, wenn man ihnen einen Ort schafft, wo sie sich gerne aufhalten. Julius probiert das mit Zapfen, Bambusrohren und Sägespänen. In jeder Etage des Hotels gibt es eine eigene „Raumgestaltung". Welche wohl am häufigsten besucht wird?

DU BRAUCHST:

5 Holzplatten für die Seiten und die Böden (28 × 8 × 1,5 Zentimeter), 1 Platte für das Dach (32 × 9 × 1,5 Zentimeter), 1 Platte für die Rückwand (31 × 28 × 0,4 Zentimeter), 1 Gitter (30 × 10 Zentimeter), 1 Gitter (30 × 6 Zentimeter), 26 Nägel (2 Zentimeter lang), 26 Nägel (1 Zentimeter lang), 6 Gummis, wasserfesten Holzleim, Hammer, Säge, 5 Meter Bambusrohr, 12 Zapfen, 100 Gramm Sägespäne

1

Trage den Holzleim auf die langen Kanten von drei Platten auf und stelle diese hochkant in U-Form auf.

2

Lege die Rückwand auf die verleimten Kanten der drei Platten und lass den Leim 20 Minuten trocknen. Befestige die Platten mit je 4 langen Nägeln.

3

Halte das größere Gitter auf den unteren Bereich des Kastens und positioniere eine weitere Bodenplatte so, dass das Gitter die Etage abschließt.

Leg das Gitter beiseite und stell den Kasten aufrecht hin, dabei die Bodenplatte festhalten. Mit je 2 langen Nägeln befestige die Seitenwände an die Bodenplatte.

Das Gitter wieder auf die Etage legen und mit 6 kurzen Nägeln auf der unteren Bodenplatte befestigen.

Die Zapfen in die Etage stecken und das Gitter mit weiteren 10 kurzen Nägeln daran befestigen.

48 Stücke – je 10 Zentimeter lang – aus den Bambusrohren sägen und mit Gummis zu je 8 Stück verbinden.

Die Bambuspakete in die mittlere Etage stellen, eine weitere Bodenplatte einziehen und wie im Schritt 4 befestigen.

Für das Obergeschoss das kleine Gitter mit 10 kurzen Nägeln befestigen. Die Sägespäne einfüllen.

Das Dach mit je 3 Nägeln auf den Seitenwänden befestigen.

GANZ SCHÖN WAS LOS IM 2

Julius liebt es, Tiere zu beobachten, und das Insektenhotel bietet mit seinen drei Stockwerken hierfür die perfekte Möglichkeit. Er hat es im Garten an einen Blumenkübel gestellt und nach Osten ausgerichtet. So steht es nicht in der prallen Sonne und ist vor dem Wind geschützt. Mal schauen, was sich in den nächsten Tagen darin tut.

TAG 3

Die ersten Gäste beziehen das Hotel: Über Nacht sind Nacktschnecken gekommen und haben es sich zwischen den Bambusstäben im zweiten Stock gemütlich gemacht. Im Laufe des Vormittags, wenn die Sonne das Hotel erwärmt, kriechen sie zurück in den Schutz der Wiese und der Gebüsche. Dabei hinterlassen sie eine schleimige Spur.

TAG 5

Ameisen haben in einem Bambusrohr etwas Essbares entdeckt und ziehen es mit vereinten Kräften heraus. Anstatt es auf die Erde fallen zu lassen, tragen sie es entlang des Gitters aus dem zweiten Stock hinunter in ihren Bau.

TAG 6

Eine Wespe macht sich über eine tote Spinne her. Ob die Wespe sie auf dem Gewissen hat oder die Spinne bereits im zweiten Stock ihre letzte Bleibe suchte, wird Julius wohl nie erfahren.

30

STOCK

TAG 12

Endlich geschieht auch mal etwas im Erdgeschoss. In den letzten Tagen hat sich eine Wespe zwischen den Zapfen aufgehalten, ist immer wieder rein- und rausgeflogen. Als sich eine andere Wespe auch für die urige Zapfenetage interessiert, kommt es zum Kampf. Erst fixieren sich beide eine kurze Zeit, dann greift der Hotelgast an und schlägt den Artgenossen in die Flucht.

Schnecken

Keiner mag sie im Garten haben, da sie sich die Blätter von Blumen und Salaten stürzen. Außerdem hinterlassen sie eine schleimige Spur. Dabei verhindert der Schleim, dass sich die Schnecken verletzen, wenn sie über scharfe Steinchen oder Ähnliches kriechen. Ob sie auf dem Schleim gleiten oder mit ihm auf einem Untergrund kleben können, entscheiden sie selbst, indem sie die Muskeln in ihrem Körper anspannen oder entspannen. So können sie auch an glatten Wänden hochlaufen. Der Schleim kann noch mehr: Er schützt die Schnecken vor dem Austrocknen und gefährlichen Bakterien.

Wespen

Sie haben einen schlechten Ruf, da sie unser Essen klauen, uns stechen und an ungünstigen Stellen ihre Nester bauen. Dabei haben sie auch ihre „guten" Eigenschaften: So ernähren sie sich von Mücken, Motten, Spinnen, Blattläusen, Raupen und weiteren Insekten, die wir nicht so gerne um uns haben. Fühlen Wespen sich bedroht, benutzen sie ihren Stachel. Im Gegensatz zu den Bienen können sie mit diesem beliebig oft stechen und dabei ihr Gift in die Haut des Opfers spritzen.

Ameisen

Es gibt ziemlich viele von ihnen! Alle Ameisen der Welt wiegen zusammen so viel wie die gesamte Menschheit. Alleine in einem Nest leben mehrere Hunderttausend dieser Insekten gut organisiert miteinander. Die Aufgaben sind klar aufgeteilt: Die Drohnen befruchten die Königinnen auf dem Hochzeitsflug (Ameisen werden mit Flügeln geboren), und die Königinnen legen Eier, um neue Ameisen zu erzeugen. Die Arbeiterinnen kümmern sich im jungen Alter um die Pflege der Brut, die Versorgung der Larven, die Reinigung des Nestes und die Fütterung der Königinnen. Später suchen sie nach Baumaterial und Nahrung und verteidigen das Nest. Über Düfte kommunizieren sie miteinander: Sie markieren ihren Weg zur Nahrungsquelle, bilden einen Stallgeruch, um sich von anderen Insekten zu unterscheiden und können Ameisensäure ausscheiden, die Alarm auslöst und andere Ameisen zur Verstärkung ruft.

DIY BÄRLAUCHPESTO

EMILIA

OLIVIA

DU BRAUCHST:

200 Gramm Bärlauch,
50 Gramm Parmesan,
200 Milliliter Olivenöl, 50 Gramm
Pinienkerne, 1 Teelöffel Salz,
1 Messer, 1 Mixer,
2 Schraubgläser
mit Deckel

Wenn du im Frühling einen Wald-spaziergang machst, hast du gute Chancen, Bärlauch zu finden. Gerade während seiner Blütezeit Mitte März bis Mitte Mai erkennst du ihn an den weißen Blüten und dem Knoblauch-duft. Man nennt ihn auch „wilden Knoblauch". Aus den Blättern lässt sich ein leckeres Pesto herstellen, das zudem auch sehr gesund ist. Denn im Bärlauch stecken Vitamin C und Mineralstoffe wie Magnesium, Eisen und Kalium.

VORSICHT VERWECHSLUNGSGEFAHR!

Bärlauch ähnelt dem Maiglöckchen, das giftig ist. Damit du nicht das falsche Kraut pflückst, beachte vier Unterschiede:

BÄRLAUCH

– riecht nach Knoblauch
– matte Blattunterseite
– wächst einzeln an dünnen
  Stielen aus dem Boden
– kugelige Dolden mit stern-
  förmigen Blüten

MAIGLÖCKCHEN

– riecht nicht nach Knoblauch
– glänzende Blattunterseite
– wächst paarweise am Stängel
– herabhängende Blüten in
  Form von kleinen Glocken

Wasche den Bärlauch in kaltem Wasser und lass ihn abtropfen.

Schneide den Parmesan in kleine Stücke.

Gib Bärlauch und Parmesan in einen Mixer und gieße das Öl darüber.

Pinienkerne und Salz darüberstreuen und den Deckel auf den Mixer setzen.

Alle Zutaten mit dem Mixer zu einer sämigen Masse pürieren.

Probieren nicht vergessen! Ist das Pesto zu fest, Öl nachgießen. Ist es zu flüssig, Parmesan dazugeben. Nach Geschmack salzen und das Pesto in die Schraubgläser füllen.

IM KÜHLSCHRANK HÄLT ES SICH MINDESTENS ZWEI WOCHEN. ODER DU FRIERST ES PORTIONSWEISE EIN.

SOMMER

Diese Jahreszeit ist ideal für Forscher.
Das Leben im Wald ist in vollem Gange:
Überall knistert, knackt, klopft, piepst
und zwitschert es. Da viele Tiere nachts
aktiv sind, überredet Julius seinen Vater,
eine Stunde mit ihm im Dunkeln zu
verbringen. Die Geräusche sind ganz
schön gruselig. Julius hat es für dich
aufgeschrieben.

Im Sommer haben die Bäume am meisten
Durst, und man kann ihnen beim Trinken
zuhören. Den Sauerstoff, den sie produzieren, saugt Julius beim Waldbaden ein.
Was ein Waldbad ist und wie man es
macht, erfährst du auch in diesem Kapitel.

VON BLÄTTERN UND NADELN

DER SOMMER MACHT DIE WÄLDER GRÜN

Der Sommer ist die wärmste Jahreszeit mit viel Licht und Wärme, was den Bäumen guttut. Sie produzieren viel Sauerstoff und Nährstoffe. Man sieht es auch an dem satten Grün der Blätter – die Fotosynthese läuft auf Hochtouren.

Im Wald ist es auch im Sommer kühl. Warum? Aus zwei Gründen: Erstens spendet das Blätterdach dem Wald jede Menge Schatten. In einem Laubmischwald erreichen nur etwa zwei Prozent des Sonnenlichts den Boden. Und zweitens „schwitzen" die Blätter und Nadeln der Bäume über ihre Spaltöffnungen das Wasser, das sie aus der Erde aufgenommen haben, wieder aus. So entsteht „Verdunstungskälte".

BLÄTTER DER HÄUFIGSTEN BAUMARTEN

Fichte
Die Nadeln sind zum Schutz gegen das Erfrieren und vor dem Vertrocknen mit Wachs überzogen und haben eine sehr feste Haut.

Kiefer
Die Nadeln enthalten ätherische Öle, die man als Heilmittel bei Erkältung, Muskel- und Gelenkschmerzen verwendet (Kiefernnadelöl).

Buche
Die Blätter brauchen nur wenig Licht. Oft bleibt das vertrocknete Laub über den Winter an den Zweigen hängen.

Eiche
Da die Blätter empfindlich gegen Frost sind und Wärme brauchen, wachsen sie später als bei den anderen Bäumen.

SIND NADELN AUCH BLÄTTER?

Nadelbäume unterscheiden sich von Laubbäumen vor allem durch ihre dünnen, spitzen Blätter. Obwohl sie anders geformt sind, handelt es sich bei den Nadeln auch um Blätter. Botaniker nennen sie „Nadelblätter". Entstanden sind die Nadeln im Laufe der Evolulon aus Schutz vor dem Vertrocknen des Baumes.

Gerade im Winter, wenn das Wasser im Boden einfriert, fehlt dem Baum Flüssigkeit. Laubbäume begrenzen den Schaden, indem sie ihre Blätter im Herbst abwerfen und die Blattstiele verschließen. Nadelbäume haben eine andere Strategie: Sie behalten im Winter ihre Blätter. Diese sind allerdings kleiner und haben eine dickere Außenhaut als die der Laubbäume, wodurch sie weniger Wasser verdunsten.

ALLE NADELBÄUME BEHALTEN IHRE BLÄTTER – BIS AUF EINEN

Die Lärche kommt ursprünglich aus dem Gebirge, wo sie im Winter mit Temperaturen von bis zu minus 40 Grad zu kämpfen hat. Da ihre Nadeln sehr weich sind, verdunstet die Lärche mehr Flüssigkeit als andere Nadelbäume. Im Winter würde sie durch den gefrorenen Erdboden zu wenig Flüssigkeit erhalten und vertrocknen. Deshalb wirft sie im Herbst ihre – zuvor gelb gefärbten – Nadeln ab.

DER KREISLAUF DER BLÄTTER EINES LAUBBAUMS

Stoffwechsel
Die Blätter nehmen Kohlendioxid auf und wandeln es in Sauerstoff um. Für die Fotosynthese braucht der Baum Sonne und Wasser, das er über die Wurzeln aus dem Boden zieht.

Wachstum
Über seine Wurzeln nimmt der Baum die Nährstoffe aus der Humusschicht des Bodens auf und verwendet sie zur Bildung neuer Blätter.

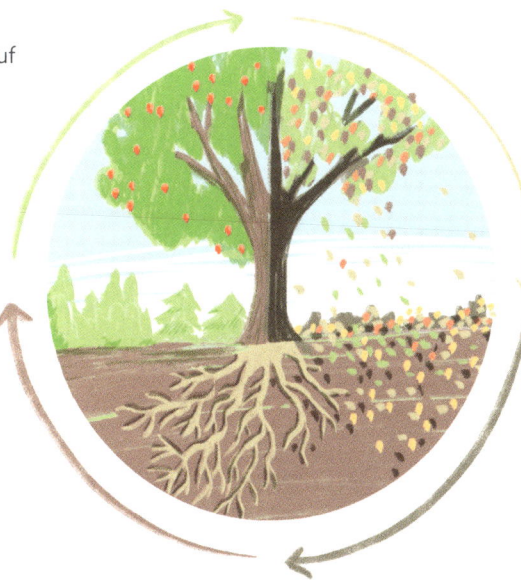

Laubfall
Um dem Vertrocknen im Winter vorzubeugen, zieht der Baum die Nährstoffe aus den Blättern und lagert sie im Stamm und in den Wurzeln ab. Die Blätter vertrocknen und fallen auf den Boden.

Kompostierung
Unzählige Mikroorganismen zersetzen das Laub und wandeln es in Wasser und Nährstoffe um. An den Zweigen des Baumes bilden sich Knospen.

BÄUME SIND WIE WIR

SIE ESSEN, TRINKEN, REDEN, SCHWITZEN, SCHLAFEN UND SCHNARCHEN DABEI SOGAR

BÄUME ESSEN UND TRINKEN

BÄUME SCHWITZEN

Bäume ernähren sich von Mineralien und Wasser. Die Wurzeln ziehen die Nahrung aus dem Waldboden, und die Stämme transportieren sie hinauf zu den Blättern. Dies geschieht dadurch, dass die Blätter durch das Verdunsten einen Sog erzeugen, der das Wasser aus den feinen Kanälen im Stamm hochzieht. Diesen Saftstrom kann man hören. Lege an einem sonnigen Tag, wenn die Bäume durstig sind, einen Becher an den Stamm eines Baumes und halte dein Ohr daran. Es braucht ein wenig Geduld, aber wenn du dich konzentrierst, kannst du das Fließen hören.

Die Bäume pumpen das Wasser mit den Nährstoffen aus dem Boden durch die feinen Kanäle stammaufwärts zu den Blättern. Diese nehmen die Nährstoffe auf und verdunsten das überschüssige Wasser durch kleine Poren. Dank dieser Verdunstung bleibt es im Wald auch im Sommer angenehm feucht und kühl – bis zu zehn Grad kälter als außerhalb. An einem heißen Sommertag „schwitzt" eine einzige Birke mit ihren rund 200.000 Blättern zwischen 300 und 400 Liter Wasser aus.

BÄUME REDEN

BÄUME SCHLAFEN

Stell dir vor, du spazierst durch den Wald und fühlst dich beobachtet. Du drehst dich um, siehst aber niemanden. Dennoch spürst du, dass geredet wird. Unheimlich, oder?

Keine Sorge, Bäume reden nicht so wie wir. Aber sie nutzen andere Kommunikationsarten, sich untereinander auszutauschen. Dies geschieht zum einen über chemische Duftstoffe (Terpene), die sie abgeben und mit deren Hilfe sie andere Bäume zum Beispiel über Schädlinge informieren. Sie können über die Terpenen auch nützliche Insekten zu Hilfe rufen. Zum anderen senden Bäume über ihre Wurzeln elektrische Informationen und warnen sich so gegenseitig vor Gefahren wie schädlichen Käfern. Wenn du Lust hast, Bäume „reden" zu hören, hat Julius einige Tipps:

– Nadelbäume geben mehr Terpene ab als Laubbäume.
– Tief im Wald ist die Konzentration von Terpenen am höchsten.
– In den Monaten Juli und August sind am meisten Terpene in der Luft.

Wie wir Menschen entspannen sich Bäume nachts. Wissenschaftler haben das mithilfe moderner Lasertechnik bei Fichten, Eichen und Lärchen festgestellt. Demnach senken die Bäume im Verlauf der Nacht ihre Zweige und Blätter bis zu zehn Zentimeter. Morgens richtet sich der Baum wieder in seine ursprüngliche Position auf.

Sogar ein leichtes „Schnarchen" wollen die Wissenschaftler gehört haben. Die Erklärung klingt einfach: Während die Bäume tagsüber Wasser zu ihren Blättern hochpumpen, wird dieses in der Nacht nicht benötigt, da die Fotosynthese ohne Sonnenlicht nicht funktioniert. Das Wasser staut sich in dem Kanalsystem der Stämme und bildet Bläschen, was wie ein sanftes „Schnarchen" klingt.

WALDBADEN

Der Begriff „Waldbaden" kommt aus Japan und heißt dort Shinrin-yoku, übersetzt „Baden in der Atmosphäre des Waldes". Das japanische Landwirtschaftsministerium führte Shinrin-yoku in den 1980er Jahren ein und forschte viel, um die medizinische Wirkung des Waldbadens nachzuweisen. Inzwischen kann man „Waldmedizin" in Japan sogar studieren.

Aber warum baden Menschen überhaupt im Wald? Julius probiert das aus – und fühlt sich gut. Warum, erfährst du auf dieser Seite.

SINNESGLÜCK

Im Wald bekommen unsere Sinne volles Programm: Die Augen verfolgen Eichhörnchen, vielleicht sogar ein Reh, die Ohren hören das Krächzen der Eule oder das Rauschen des Baches, die Nase riecht das würzige Unterholz, die Zunge schmeckt die Bucheckern, die du im Herbst probierst, die Haut fühlt die Feuchtigkeit der Luft und die Wärme der durch die Baumkronen schimmernden Sonne. Der Wald tut uns gut.

UNSERE GENE

Bevor die Menschen Häuser und Siedlungen gebaut haben, lebten sie in der Natur. Auch wenn dies schon sehr viele Jahre zurückliegt, steckt die Verbindung mit der Natur in unseren Genen. Und das spürt der Körper automatisch, wenn er sich in der Natur aufhält.

GESUNDHEIT

ENTSCHLEUNIGUNG

Es ist von Wissenschaftlern nachgewiesen, dass Menschen im Wald schneller gesund werden als im Krankenhaus. Das liegt an den Terpenen. Diese sind Stoffe, die Pflanzen absondern, um miteinander zu kommunizieren und schädliche Insekten abzuschrecken. Diese Terpene atmen wir im Wald ein und sind besser vor Viren geschützt. Ein japanischer Wissenschaftler sagt: „Wer einen Tag im Wald verbringt, hat sieben Tage lang mehr natürliche Killerzellen im Blut."

Im Wald kommen wir zur Ruhe und tanken Kraft und Vitalität. Das hängt mit der Atmosphäre des Waldes zusammen: gedämpftes Licht, natürliche Farben, frische Luft, Stille, Bäche. Unser Blutdruck senkt sich, und wir fühlen uns weniger gestresst als etwa in der Schule oder bei einem Sportwettkampf. Nach einem ausgiebigen Waldspaziergang schlafen wir abends auch besser.

DAS ZAPFEN-EXPERIMENT
WIE DU MIT FICHTENZAPFEN DAS WETTER VORHERSAGEN KANNST

Julius hat von seinem letzten Waldspaziergang Fichtenzapfen mitgebracht. Die Samen dieser Nadelbäume liegen geschützt unter den Schuppen der Zapfen. Julius hat gelesen, dass sich die Zapfen bei schönem Wetter öffnen und bei schlechtem Wetter schließen. Aber warum ist das so?

Dies hat einen ganz einfachen Grund: Damit sich der Baum gut fortpflanzen kann, müssen seine Samen möglichst weit vom Wind getragen werden. An sonnigen Tagen sind die Samen trocken und fliegen gut durch die Lüfte. An Regentagen werden sie feucht und schwer und fliegen nicht mehr so gut. Die Zapfen reagieren auf Feuchtigkeit: Sie verschließen sich bei schlechtem Wetter, um ihre Samen vor Nässe zu

schützen. Bei trockenem Wetter biegen sich die Schuppen auseinander, und die Samen können vom Wind weggeweht werden.

Im Zapfenexperiment zeigt Julius dir, wie dieser Mechanismus funktioniert. Du brauchst hierzu einen oder mehrere Zapfen (von der Fichte, Kiefer oder Lärche), ein Brett, einen sonnigen Tag und ein bisschen Geduld.

Da sich das Wetter vorher ankündigt – du kennst bestimmt den Spruch „Es liegt ein Gewitter in der Luft." – lässt es sich mit Zapfen sogar vorhersagen. Bau dir deine eigene Wetterstation, indem du einen Zapfen an einer Schnur von außen vor dein Fenster hängst. Ein kurzer Blick darauf, bevor du rausgehst, und du weißt, ob es besser ist, einen Regenschirm mitzunehmen oder dich mit Sonnencreme einzuschmieren.

Lagere die Zapfen im Gemüsefach des Kühlschranks. Dort ist es feucht, und die Zapfen schließen sich.

Lege die Zapfen in die pralle Sonne.

Jetzt heißt es warten: In den nächsten Stunden biegen sich die Schuppen auseinander. Achte darauf, dass die Zapfen permanent in der Sonne liegen.

Wenn die Zapfen geöffnet sind, kannst du gut hineinschauen und die Samen suchen. Die meisten Zapfen, die du auf dem Waldboden findest, haben ihre Samen bereits verteilt. Dennoch funktioniert der Mechanismus des Öffnens und Schließens beliebig oft.

DIY RINDENBILD

Bäume haben eine Rinde, um sich vor Gefahren von außen zu schützen, speziell vor Hitze, Frost, Insekten und Pilzen. Kommt es zu einer Verletzung, versucht der Baum die Wunde mit Harz wieder zu schließen. Man kann das mit unserer Haut vergleichen, die bei einem Schnitt die Wunde mit Blut versorgt.

Jeder Baum hat eine spezielle Rinde, an der man ihn erkennen kann. Ganz einfach ist es bei der Birke mit ihrem weißen Stamm. Die Rinde der Buche ist gräulich und ziemlich glatt, die der Eiche hingegen tief gefurcht. Auch die beiden bekanntesten Nadelbäume lassen sich mit einem Handstrich gut unterscheiden: Die Fichte hat kleine, rundliche Schuppen, die Kiefer große Schuppen mit tiefen Rissen.

Julius hat schon so manchen Baum „gestreichelt" und ist fasziniert von den groben, rissigen Rinden. Um ein Stück davon mit nach Hause zu nehmen, den Baum aber nicht zu verletzen, zeichnet er ein Rindenbild von seiner Lieblingskastanie (siehe Seite 14). Viel Spaß beim Nachmachen!

DU BRAUCHST:

1 Bogen Packpapier (mindestens DIN-A3 groß), 4 Reißzwecken, 1 Box Wachsmalstifte, 1 Bilderrahmen, 1 Bleistift, 1 Schere

Befestige das Papier mit den Reißzwecken an deinem Lieblingsbaum. Anfangs probiere die Wachsmalstifte vorsichtig aus. Bei schuppiger Rinde halte den Stift besser schräg, damit das Papier nicht einreißt.

Wenn du die richtige Maltechnik gefunden hast, sei kreativ und tob dich aus. Danach löse es vorsichtig vom Baum und nimm es mit nach Hause.

Lege die Rückwand vom Rahmen auf den schönsten Bildausschnitt und zeichne mit einem Bleistift die Kanten nach.

Schneide den Bildausschnitt aus.

Lege das ausgeschnittene Bild auf das Glas und klemme die Rückwand am Rahmen fest.

FERTIG IST DAS RINDENBILD!

DIY HOLUNDER-BLÜTENSIRUP

Am Waldrand wachsen Holunder-
sträuche. Wenn sie zwischen Mai
und Juli blühen, duften sie herrlich.
Julius möchte einen Sirup daraus
machen und zeigt dir, wie das geht.

Um das volle Aroma zu bekommen,
ernte die Blüten nicht zu spät in der
Blütezeit (bei zu langer Hitze verlieren sie an Geschmack) und nicht
an einem Regentag (sonst rieseln
die Blütenblätter mit dem Wasser
herab). Am besten schneidest du
die Dolden in der Mittagssonne
vom Strauch, denn dann sind die
Blüten weit geöffnet.

DU BRAUCHST:

20 Holunderblütendolden, 1 Kilogramm
Zucker, 4 Limetten, 1 Bio-Zitrone,
1 Kochtopf, 1 Holzlöffel, 1 Messer,
1 Zitronenpresse, 1 Salatschüssel,
1 Handtuch, 1 Sieb, 1 Schöpfkelle,
1 Trichter, 2 Glasflaschen mit Deckel

Fülle einen Liter Wasser mit dem Zucker in einen Topf und koche es unter Rühren auf.

Schneide die Limetten in Scheiben. Press den Saft aus der Zitrone.

Schüttele die Blütendolden vorsichtig aus, um Insekten zu entfernen. Lege sie in den Topf und rühre um.

Gieße den Zuckersirup mit den Holunderblüten in eine Salatschüssel. Die Schüssel mit einem Handtuch zudecken und den Sirup an einem dunklen, kühlen Ort drei Tage ziehen lassen.

Lege ein Sieb auf einen Kochtopf, bedecke es mit einem Handtuch und fülle den Sirup mit einer Schöpfkelle hinein. Das Tuch mit den Limetten und Blütenstängeln gut auswringen.

Koche den Sirup noch einmal fünf Minuten auf, dabei umrühren.

Fülle den heißen Holunderblütensirup vorsichtig mit einer Schöpfkelle in Glasflaschen und verschließe diese mit Deckeln.

DUNKEL UND KÜHL GELAGERT HÄLT SICH DER SIRUP MEHRERE MONATE.

KÄFER-RALLYE

Sie sind klein, sie sind unscheinbar, sie krabbeln auf der Erde. Eigentlich fallen Käfer nicht groß auf. Dabei können die Kleinen richtig großen Schaden im Wald anrichten. Hast du schon mal was vom Borkenkäfer gehört? Wenn nicht, klärt Julius dich auf.

Außerdem macht er eine Käferralley. Sie sind nicht die schnellsten Insekten, aber Käfer bewegen sich kontinuierlich fort. Ob sie dabei geradeaus gehen, Haken schlagen oder sich von Honig ablenken lassen, will Julius genau wissen.

DIESE BEIDEN KÄFER ZERSTÖREN DIE WÄLDER

Großer Brauner Rüsselkäfer

Ohne es zu wissen, hat Julius einen Großen Braunen Rüsselkäfer auf dem Waldweg aufgelesen und ihn zur Rallye eingeladen. Dieser Käfer liebt die Rinde von jungen Nadelbäumen wie Kiefer, Lärche und Douglasie. Oft kommen die Bäume nicht nach, Harz zu produzieren, um die Käfer darin zu ertränken. Sie sterben ab.

Borkenkäfer

Er wird „Monster des Waldes" genannt, da er für den Tod unzähliger Bäume, vor allem von Fichten, verantwortlich ist. Das Schicksal beginnt damit, dass die Weibchen ihre Eier unter die Rinde legen. Dort schlüpfen die Larven, fressen sich durch das Holz und zerstören die Versorgungskanäle der Bäume. Dies führt – gerade in trockenen Zeiten – zum Tod des Baumes.

Halte Ausschau nach Käfern. Julius hat einen auf dem Steinweg gefunden.

Transportiere ihn mit einem Stock vorsichtig zum Rallye-Parcours.

Der Parcours besteht aus einem weißen Blatt, das auf einem Karton mit Büroklammern befestigt ist.

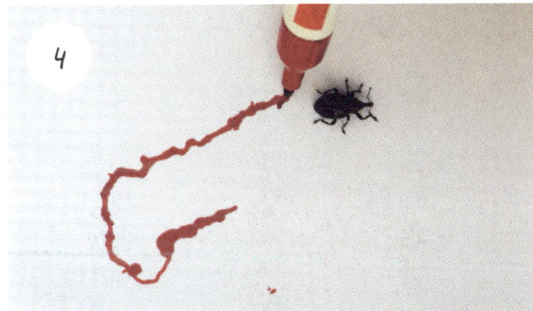

Nimm einen Stift und warte, bis sich der Käfer bewegt. Zeichne die Laufspur mit dem Stift nach.

Sobald der Käfer den Parcours verlassen hat, setz ihn wieder mit dem Stock auf das Blatt. Diesmal träufele ihm ein paar Tropfen Honig vor die Füße.

Auch beim zweiten Versuch sucht der Käfer das Weite, aber diesmal schnuppert er an den Honigtropfen.

NACHTS IM WALD

Julius hatte den Bericht eines Zeitungsredakteurs gelesen, der eine Nacht alleine in einem Wald verbrachte. Es ist zwar nichts passiert, aber die Geräusche im Dunkeln und die Vorstellung, dass ein Dachs, ein Wildschwein oder sogar ein Wolf vorbeikommen könnte, schilderte der Journalist sehr anschaulich und packend.

Der Artikel hat Julius' Interesse geweckt und er bat seinen Vater, mit ihm abends in den Wald zu gehen. Nach dem Abendessen brachen die beiden auf. Was sie dabei erlebten, hat Julius für dich aufgeschrieben.

GRUNZ, GRUNZ

REGENWURM

Einige Tiere kommen an heißen Sommertagen erst in der Abenddämmerung aus ihrem Versteck hervor, da die Sonne sie austrocknen würde. Die Rede ist von Schnecken, Asseln und Regenwürmern. Ich höre sie zwar nicht, weiß aber, dass Unmengen von ihnen unter meinen Füßen leben. Um die 100 Regenwürmer wühlen in einem Kubikmeter Erde, fressen abgestorbene Pflanzenreste, scheiden nährstoffreiche Erde aus und belüften durch das stetige Graben noch den Waldboden.

Der Name „Regenwurm" kommt übrigens nicht vom Regen, sondern von der Bezeichnung „reger Wurm", da er ständig buddelt und frisst.

WILDSCHWEIN

Ich meine, das Grunzen und Schnaufen von Wildschweinen gehört zu haben. Mein Vater wollte mich ablenken, wurde aber selbst etwas nervös. Kein Wunder, denn das Wildschwein hat gerade nachts einige Vorteile gegenüber uns Menschen: Es sieht besser im Dunkeln, hat eine feinere Nase, bessere Ohren, schärfere Zähne und läuft schneller – bis zu 50 Stundenkilometer – der Läufer Usain Bolt kommt auf „nur" etwa 45 Stundenkilometer.

Aber du musst dir um Wildschweine keine Sorgen machen, denn sie fürchten sich vor Menschen. Sie würden zur eigenen Sicherheit immer genug Abstand halten. Aggressiv werden sie nur, wenn sie sich oder ihre Jungtiere bedroht fühlen. Noch ein kleiner Tipp, woran du Wildschweine nachts im Wald erkennst: Sie riechen nach Maggi.

BU-BU-BU-BU-BU-BU-BU

NACHTIGALL

Während alle Vögel nachts schlafen, kann man einen in den schönsten Tönen singen hören: die Nachtigall. Allerdings auch nur während der Brutsaison (Mai bis Juni) und zwischen null und vier Uhr. Da mein Vater bis Mitternacht nicht ausgehalten hat, habe ich sie leider verpasst.

Durch den Nachtgesang versuchen die Junggesellen, Weibchen anzulocken. Um den richtigen Ton zu treffen, haben die Meistersinger um die 200 unterschiedliche Strophen im Repertoire!

DOO-DOO-DOO-DOO-PI-PI-PI-TSCHK

HUH-HUUUH

WALDKAUZ

Sobald es dunkel wird, hören die Vögel auf zu singen und suchen auf den Ästen nach einem Nachtquartier. Sie schlafen im Sitzen. Dass sie dabei nicht umfallen, verdanken sie ihren Zehen, die über einen speziellen Klammermechanismus verfügen, der ohne Kraftanstrengung und auch im Schlaf funktioniert.

IGEL

Nachts wird es im Wald kälter und feuchter. Es riecht nach Erde und ein bisschen süßlich. Wenn ich versuche, etwas herauszuriechen, wurde ich auf Blätter, Pilze und Moos tippen.

Fast die ganze Zeit raschelt es irgendwo am Boden. Ein Tier, das nachts unterwegs ist, ist der Igel. Im Dunkeln ist er besser vor seinen Feinden wie dem Fuchs, dem Dachs oder dem Habicht geschützt und kann sich selbst auf die Suche nach Würmern, Schnecken und Raupen machen. Droht Gefahr, rollt er sich zu einer piksenden Kugel zusammen. Dabei spannt er 8.000 Muskeln an, denn an jedem Stachel befindet sich ein eigener Muskel.

Es dauert nicht lange, dann ist es schwarz um uns herum und ganz still. Wir hören nur noch das eigene Atmen und einen leisen Wind, der durch die Äste weht. Nach über einer Stunde ertönt plötzlich ein „Huh-Huuuh" über uns – und gleich nochmal: „Huh-Huuuuuh". Ein Waldkauz. Tagsüber versteckt er sich in einer Baumhöhle, nachts wird er aktiv und geht auf Jagd. Mit seinen großen Augen kann er seine Beute im Dunkeln sehr gut sehen, mit seinem ausgezeichneten Gehör kann er auch die leisesten Geräusche wahrnehmen. Und dank seiner samtigen Flügel mit gezackten Federn fliegt er fast völlig geräuschlos durch die Luft und packt sich die schlafenden Vögel vom Baum oder die Mäuse vom Waldboden.

RASCHEL, RASCHEL

HERBST

Der Herbst ist die bunte Jahreszeit. Die Blätter der Bäume verfärben sich und fallen auf den Waldboden. Dort findet man auch die Früchte, die über die Sommermonate hinweg an den Bäumen gereift sind: Kastanien, Eicheln und Bucheckern sowie unterschiedliche Zapfen. Julius zeigt dir, welche Früchte zu welchem Baum gehören, wie man an Bäumen die Himmelsrichtung ablesen kann und welches die häufigsten Pilzarten im Wald sind.

Julius bastelt gerne, und der Herbst bietet jede Menge Materialien und Ideen für tolle DIY. Freu dich auf ein Bild mit gepressten Blättern, ein Kunstwerk aus Pilzsporen, duftende Räucherstäbchen aus Harz und einen selbst geschnitzten und signierten Wanderstock.

DIE FRÜCHTE DES LEBENS

IM HERBST GIBT'S LECKER TIERFUTTER: KASTANIEN, EICHELN, NÜSSE, ZAPFEN ...

FRÜCHTE DER HÄUFIGSTEN BAUMARTEN

Aus den Blüten wachsen im Laufe des Sommers die Früchte heran; im Herbst sind sie reif. Aus den Samen der Früchte können wiederum neue Pflanzen entstehen. Hierzu müssen die Bäume es schaffen, ihre Früchte an einen Platz zu befördern, an dem der Boden nährstoffreich und nicht zu trocken ist und die Sonne mit ihren Strahlen hinkommt. Dabei verfolgt jeder Baum seine eigene Strategie:

Fichten und Kiefern öffnen bei trockenem Wetter ihre Zapfen und lassen ihre Samen vom Wind verbreiten, manche fliegen bis zu 1.000 Meter weit. Danach werden die Zapfen als Ganzes abgeworfen. Die Tannen haben hier eine Besonderheit: Die Zapfen bleiben an den Zweigen, nur die Schuppen fallen einzeln ab. Insofern sind die Zapfen, die du auf dem Waldboden findest, keine Tannenzapfen.

Kastanienbäume werfen ihre Früchte ab. Beim Aufprall platzt in der Regel die stachelige Hülle und je nach Bodenlage rollen einige Kastanien ein paar Meter vom Stamm weg. Die meisten Kastanien bleiben unter ihrem Mutterbaum liegen und finden dort im Schatten keine guten Bedingungen, um zu keimen. Ähnlich ist es bei Buchen und Eichen.

Fichte
Die Zapfen hängen von den Zweigen herab. Die Samen sind relativ klein und – obwohl sie Flügel haben – auch sehr leicht. 1.000 Körner wiegen nur etwa acht Gramm. So kann der Wind sie weit verbreiten.

Kiefer
Ihre Zapfen sind eiförmig und wachsen aufrecht. Im Herbst zieht ihr Gewicht sie nach unten. Bis zu 1.600 Zapfen kann eine Kiefer bilden. Die Samen sind flach und haben kleine Flügel.

Damit unsere Wälder vor Gefahren wie Trockenheit, Stürmen, Bränden, gefährlichen Pilzen und Käfern geschützt sind, werden sie von Förstern bewirtschaftet. Diese kümmern sich darum, dass der Wald mit den Tieren im Gleichgewicht lebt und der Bestand und die Artenvielfalt gesichert ist. Ist das Gleichgewicht im Wald zum Beispiel infolge einer lang andauernden Trockenheit gestört, sodass Bäume absterben, pflanzen die Förster neue. Auch die Bäume selbst versuchen ihren Bestand zu sichern und produzieren gerade in solchen Krisenzeiten besonders viele Früchte. Man nennt diese Zeit „Mastjahr" (siehe Seite 23). Da die Laubbäume ihre Früchte nicht so gut verbreiten können wie die Nadelbäume, bekommen sie Hilfe von den „fleißigen Förstern".

EICHHÖRNCHEN

Sie sammeln herumliegende Eicheln und Nüsse als Vorrat für den Winter und vergraben sie in der Erde. Aus den Früchten, die sie nicht mehr finden, können neue Bäume wachsen. Auch wenn sie die Früchte fressen, können die ausgeschiedenen Samen noch keimen.

WILDSCHWEINE

Im Wald herumliegende Kastanien und Bucheckern ziehen Wildschweine an. Beim Fressen können sich die stacheligen Fruchthüllen im Fell der Tiere verfangen und werden so verbreitet.

VÖGEL

Der Eichelhäher (Foto) bevorzugt als Nahrung Eicheln, der Kernbeißer Haselnüsse. Wenn die Vögel die Früchte im Schnabel transportieren, verlieren sie dabei manchmal auch welche. So verbreiten sie unbeabsichtigt die Samen der Bäume bis zu einigen Kilometern weit entfernt.

Buche
Zwei Bucheckern (Samen) stecken in einer Frucht. Sie bestehen fast zur Hälfte aus Fett und haben einen nussigen Geschmack. Da sie leicht giftig sind, solltest du sie nicht roh essen, sondern vorher schälen und rösten.

Eiche
Die Eicheln sind reich an Kohlenhydraten und Eiweiß und deshalb bei Tieren sehr beliebt. Vor allem Schweine lieben diese Früchte. In jeder Eichel steckt nur ein Samen. Das lustige „Hütchen" heißt übrigens Fruchtbecher.

KASTANIEN HABEN'S IN SICH

Kastanien sind die typischen Früchte des Herbstes. Jedes Kind hat schon einmal Figuren, Tiere oder eine Kette aus ihnen gebastelt. Julius interessiert sich mehr fürs Innenleben und schneidet die Kastanien auf. Er will wissen, wo in der Frucht der Samen steckt, aus dem ein neuer Baum wachsen kann.

Julius hat die Kastanien in unterschiedlichen Reifestadien erforscht. Während die Frucht im Frühling weich und klein ist, wächst sie sich bis zum Herbst aus und bildet Keimblätter.

JUNI

JULI

SEPTEMBER

OKTOBER

WAS STECKT IN DER FRUCHT?

Wenn man die Kastanie aufschneidet, sieht sie unspektakulär aus und riecht leicht faul. Der Keim findet in der Frucht allerdings eine ideale Versorgung: Kohlenhydrate, Eiweiß, Fett, Mineralstoffe und Spurenelemente sowie die Vitamine B, C und E. Diese Nährstoffe hat der Baum über den Sommer hinweg in die Kastanien hinein gelagert. In der Kastanie bilden sich zwei Blättchen, die im Frühling beim Keimen durch die Außenhülle stoßen. Zeitgleich beginnt die Keimwurzel zu wachsen, die im ersten Jahr eine Tiefe von bis zu 40 Zentimeter erreichen kann.

KASTANIENBAUM SELBER PFLANZEN

In der Natur fallen die Kastanien vom Baum, und wenn der Boden nährstoffreich und sonnig ist, können die Früchte keimen. Um alles genau zu beobachten, bereitet Julius die Kastanie zuhause vor. Da Kastanienbäume bis zu 30 Meter hoch und 25 Meter breit werden können, beachte beim Einpflanzen der Kastanie die Abstände zu Straßen, Gebäuden und Nachbarn. Oft gibt es genaue Vorschriften, die du beim Ordnungsamt erfragen kannst.

Nimm eine reife Kastanie, die du frisch gesammelt hast und lege sie in ein Glas auf ein Wattebett. Begieße sie mit Wasser.

Lass die Kastanie ein paar Tage auf der Watte liegen und gieße regelmäßig Wasser nach. Dadurch wird die Schale weich.

Pflanze die Kastanie im Garten ein. Zum Keimen braucht sie mindestens vier Wochen lang Temperaturen zwischen Plus vier und Minus vier Grad. Gieße die Stelle regelmäßig.

Mit ein wenig Glück und guter Pflege keimt die Kastanie im Frühling und entwickelt die ersten Blätter.

WUSSTEST DU, DASS ...

... Kastanienbäume erst nach frühestens zehn Jahren die ersten Früchte tragen?
... man aus den Bestandteilen der Rosskastanie Wirkstoffe für die Medizin macht, die zum Beispiel Entzündungen hemmen und bei Magengeschwüren helfen.
... die Menschen früher Wolle mit Teilen der Kastanie gefärbt haben? So erzeugen die Schalen eine braune, die Blätter eine beige und die Rinde eine gelbe Farbe.
... dass der größte Feind der Rosskastanie eine vier Millimeter große Motte ist? Die sogenannte Rosskastanien-Miniermotte legt zur Blütezeit bis zu 100 Eier auf den Blättern ab. Die geschlüpften Larven zerfressen die Blätter, die daraufhin die Fotosynthese einstellen, welken und bereits im Hochsommer abfallen.

WIE GROß WERDEN BÄUME?

Julius hat gelesen, dass der größte Baum der Welt 115,5 Meter hoch in die Wolken ragt. Wie groß werden eigentlich unsere Bäume? Nur maximal 50 Meter. Dabei wachsen Nadelbäume schneller und höher als Laubbäume. Das hängt damit zusammen, dass Nadelbäume Sonnenstrahlen besser aufnehmen können und weniger Wasser aus den Nadeln verdunstet. Somit bleibt mehr Sonnenenergie zum eigenen Wachstum.

Damit du bei deinem nächsten Waldbesuch die Höhe der Bäume selbst bestimmen kannst, verrät Julius dir eine Methode, die die Förster anwenden: das Försterdreieck.

FÖRSTERDREIECK

Mit einer einfachen Methode kannst du die Höhe eines Baums bestimmen. Hierzu brauchst du zwei gerade, gleich lange Stöcke. Halte den ersten Stock wie ein Fernrohr waagerecht vor dein Auge und visiere einen Baum an. Halte den zweiten Stock senkrecht an das Ende des ersten Stocks, sodass dadurch ein rechter Winkel entsteht. Visierst du das obere Ende des zweiten Stocks an, geht dein Blick hinauf zur Baumkrone.

Nun gehst du mit dem Försterdreieck solange auf den Baum zu oder von ihm weg, bis das obere Ende des zweiten Stocks auf einer Linie mit der Oberkante des Baumwipfels liegt. Die Zeichnung zeigt dir, wann du die richtige Position gefunden hast.

Von dieser Position gehst du in großen Schritten (je ein Meter) auf den Baum zu und zählst dabei. Addiere diese Strecke mit deiner Augenhöhe (Abstand zwischen Boden und Augen) und du erhältst die Höhe des Baumes.

Bei Julius ist der Baum übrigens 26 Meter hoch – für eine Linde eine durchschnittliche Höhe.

1 DEINE AUGENHÖHE

2 ABSTAND ZWISCHEN

1 + **2** = **3** HÖHE DES BAUMES

3

DEM BAUM UND DiR

HYPERION

Der größte Baum der Erde steht in Kalifornien und misst 115,5 Meter. Dieser Mammutbaum mit dem Namen „Hyperion" muss täglich Höchstleistungen verrichten, um das Wasser von den Wurzeln zu den Blättern hochzupumpen. Dabei kämpft er gegen die Schwerkraft und gegen die Widerstände in den Kanälen des Stammes an. Wissenschaftler haben herausgefunden, dass Bäume nicht größer als 130 Meter werden können, da sie das Wasser nicht mehr bis in die Kronen transportiert bekommen.

Julius	Buche	Eiche	Kiefer	Fichte	Mammutbaum Hyperion
1,35 m	35 m	40 m	45 m	50 m	115,5 m

SCHNITZ-TOUR

Auf längeren Wanderungen durch den Wald nimmt Julius seinen Wanderstock mit. Den hat er selbst geschnitzt und mit seinen Initialen versehen. Wie auch du einen persönlichen Wanderstock schnitzen kannst, welches Holz und welches Messer du dafür am besten verwendest, zeigt Julius dir auf diesen Seiten.

Falls deine Eltern sich sorgen, dass du ein Messer mit auf den Spaziergang nehmen möchtest, versichere ihnen, dass du die Regeln natürlich befolgen wirst und außerdem Schnitzen die Konzentration, Motorik und Ausdauer fördert.

SCHNITZREKORD

Der Inder Gowrishankar Gummadidhala hat im April 2020 den kleinsten Holzlöffel der Welt geschnitzt. Er ist nur 4,5 Millimeter lang!

SCHNITZMESSER

Viele schnitzen mit einem Taschenmesser. Es ist klein, die Klinge lässt sich eingeklappt sicher transportieren und man hat neben einem Messer auch eine Säge und andere Werkzeuge dabei.

Wenn du nicht nur einen Zapfen vom Zweig oder Pilze am Boden abschneiden möchtest, solltest du lieber ein Messer mit feststehender Klinge verwenden. Das liegt besser in der Hand und ist stabiler als ein Klappmesser. Und damit du nicht in die Klinge abrutschst, hat es einen Handschutz.

SCHNITZHOLZ

Grundsätzlich darfst du nur Holz zum Schnitzen nehmen, das auf der Erde liegt. Am besten suchst du gefällte Bäume oder vom Baum abgebrochene Äste, die noch nicht ausgetrocknet sind. Dieses sogenannte Grünholz ist weich und leicht zu schnitzen.

Das Holz von Nadelbäumen wie Kiefern und Fichten ist weicher als das von Laubbäumen wie Buchen und Eichen. Eine Ausnahme ist das Lindenholz, das sich sehr gut für Schnitzanfänger eignet.

PERSÖNLICHER WANDERSTOCK

SCHNITZREGELN

– Setz dich zum Schnitzen ruhig und stabil hin, lauf nicht mit dem Messer herum und spiel nicht mit der Klinge.
– Benutze eine scharfe Klinge. Ist sie stumpf, musst du stärker drücken und kannst eher abrutschen.
– Nimm Pflaster mit in den Wald, falls du dich doch schneidest.
– Schnitz immer vom Körper weg.
– Schneide entlang der Maserung. Das ist einfacher und das Holz splittert nicht so schnell.
– Wenn du mit einem Freund schnitzt, halte mindestens einen Meter Abstand zu ihm.
– Nach dem Schnitzen steck das Messer in die Messertasche.
– Reinige das Messer nach jedem Gebrauch.

Bevor du dich an schwierige Schnitzereien wagst, starte mit einem Wanderstock. Den kannst du für deine Touren in den Wald ohnehin gut brauchen. Julius zeigt dir, wie du dir einen persönlichen Wanderstock schnitzt:

1. Suche auf dem Waldboden einen langen, geraden Ast.
2. Kürze den Ast mit einer Handsäge auf deine Wunschlänge.
3. Schneide am Schaft großzügig die Rinde ab.
4. Schnitze deine Initialen in den glatten Schaft.
5. Zeichne die Einkerbungen mit einem wasserfesten Stift nach.

DIY BLATT-KUNSTWERK

Blätterbilder sind im Herbst äußerst beliebt. Schon im Kindergarten hat Julius Blätter gesammelt und gepresst. Nachdem sie getrocknet waren, hat er sie auf Papier geklebt und seinen Eltern und Großeltern geschenkt. Nun als Schulkind findet Julius solche Blätterbilder nicht mehr so cool, es sei denn, man geht es anders an und macht ein Blattkunstwerk – fürs eigene Zimmer.

DU BRAUCHST:

30 bunte Blätter, 1 Pflanzenpresse aus Holz (alternativ 2 dünne Holzplatten und 1 Spanngurt), 5 Einlegeböden aus Karton, 4 Trennblätter aus Papier, 10 schwere Bücher, 1 Bilderrahmen mit 2 Glasscheiben

Je bunter, desto besser. Sammle die schönsten Blätter und lege sie in die Presse. Wichtig ist, dass du zwischen zwei Einlegeböden ein Trennblatt legst. Dieses saugt die Feuchtigkeit aus den Blättern heraus. Wenn du eine Doppelseite mit Blättern bestückt hast, klappe den Einlegeboden vorsichtig um. Damit die Blätter nicht herausfallen, drücke mit der anderen Hand das Trennblatt dagegen. Die Presse verschließen, den Spanngurt umlegen und festzurren.

Prüf zu Hause, ob die Blätter nebeneinanderliegen, verschließ die Presse und staple die Bücher drauf.

Julius empfiehlt drei Tage zum Pressen der Blätter. Du musst aber nicht die ganze Zeit auf dem Bücherstapel sitzen.

Wähle ein oder zwei Lieblingsblätter aus, lege sie zwischen die beiden Glasscheiben des Bilderrahmens und verschließe ihn.

OHNE MOOS ...
KEINE ORIENTIERUNG

Moos ist ein faszinierendes Gewächs. Wenn du es von ganz nah betrachtest, sieht es wie ein Miniaturwald aus. Jedes Moospflänzchen könnte ein Baum sein, wie ein Wald im Wald. Unter dem Mikroskop kommt dann ein Mikrokosmos zum Vorschein unter anderem mit Bakterien, winzigen Bärtierchen (mit acht Beinen und einem ausstülpbaren Rüssel) und Rädertierchen (mit rotierenden Wimpernkränzen am Kopf).

Vor mehr als 440 Millionen Jahren haben sich die Moose aus Grünalgen, die im Watt der Meere lebten, entwickelt. Damit sind sie die ältesten Landpflanzen. Heute gibt es über 14.000 bekannte Arten.

Obwohl sie nicht so weit entwickelt sind wie andere Pflanzen im Wald, haben sie sich ein Nischendasein als Überlebensstrategie geschaffen. So wählen sie Standorte, die von keinem besiedelt werden wie karge Felsen, dunkle Waldböden und trockene Baumrinden. Moose können Trockenperioden von mehreren Monaten überstehen, indem sie ihren Stoffwechsel herunterfahren. Sobald es regnet, erwacht das Moos wieder zu neuem Leben.

NATURKOMPASS

Da Moose keine richtigen Wurzeln haben, nehmen sie Wasser über die Blattoberfläche auf. Im Gegensatz zu anderen Pflanzen haben die Blätter jedoch keine Wachsschicht, die sie vor Verdunstung schützt. Somit können die Moose ihren Wasserhaushalt kaum regeln. Bei Regen oder Nebel saugen sie sich voll wie ein Schwamm – manche Moose können das 26-fache ihres Gewichts an Wasser aufnehmen! Wenn die Sonne scheint und die Luft trockener wird, verdunstet das Wasser wieder.

Um nicht auszutrocknen, siedeln sich Moose an feuchten und kühlen Stellen im Wald an – bei den Bäumen ist dies die Nordseite, wo die Sonne nicht hinkommt. Bei freistehenden Bäumen am Waldrand oder auf einer Lichtung findet man Moose auch an der Westseite, da hier der Westwind viel Feuchtigkeit mit sich bringt. Wenn du im Wald die Orientierung verloren hast, achte darauf, wo das Moos an den Bäumen wächst. Dort ist Norden.

KLIMASCHÜTZER

Moorlandschaften sind gut für unser Klima. Warum? In ihnen sind große Mengen von Kohlenstoff gespeichert – Forscher gehen von 400 Milliarden Tonnen weltweit aus. Und dies ist den Torfmoosen zu verdanken, da sie die Moorlandschaften Schicht für Schicht aufbauen. Während sie an der Oberfläche wachsen, werden die tieferliegenden, abgestorbenen Moospflanzen verdichtet. Im Laufe der Zeit bildet sich aus den Schichten unter Luftabschluss der Torf. In ihm ist das Kohlendioxid, das die Moose bei der Fotosynthese aus der Luft aufgenommen haben, gespeichert. Würde man die Moorlandschaften trockenlegen, könnte das Kohlendioxid wieder in die Atmosphäre gelangen, wodurch die Temperatur auf der Erde ansteigen würde.

JULIUS GEHT IN DIE PILZE

Weder Tier, noch Pflanze – Pilze sind eine eigene Art von Lebewesen. Lange wurden sie zu den Pflanzen gerechnet, da sie an einem Ort sesshaft sind. Allerdings können sie keine Fotosynthese durchführen, und sie ernähren sich wie Tiere von pflanzlichen und tierischen Organismen. Deshalb sind die Pilze näher mit den Tieren als mit den Pflanzen verwandt.

WUSSTEST DU, DASS ...

... Pilze mit ihren Fäden die Wurzeln der Bäume verbinden, sodass diese untereinander Nährstoffe austauschen können?

... manche Pilze eine Partnerschaft mit Pflanzen führen? Sie ernähren sich vom Zucker, den die Pflanzen herstellen, und helfen diesen, Wasser und Nährstoffe besser aus dem Boden aufzunehmen.

... in den Rocky Mountains Steinpilze auf 3.500 Meter Höhe wachsen?

... der größte Pilz der Erde in Oregon (USA) lebt? Seine Wurzeln erstrecken sich über eine Fläche von mehr als 1.250 Fußballfeldern.

... es Pilze gibt, die über 100.000 Euro pro Kilo kosten? Der Weiße Trüffel aus dem italienischen Piemont ist eine Delikatesse für (reiche) Feinschmecker.

AUFBAU DER HUTPILZE

Was man im Wald auf dem Boden oder an Stämmen sieht, ist nicht der Pilz, sondern nur sein Fruchtkörper, bestehend aus Stiel und Hut. Unterirdisch verborgen liegt der eigentliche Pilz, nämlich das weit verzweigte Geflecht feiner Fäden.

Pilze produzieren wie die Bäume zur Fortpflanzung Samen, Sporen genannt. Diese werden im Fruchtkörper gebildet und über die Unterseite des Hutes ausgeschieden. Je nach Pilzart befinden sich dort Röhren, Lamellen oder Leisten. Durch den Wind werden die Sporen verbreitet. Fallen sie auf einen geeigneten Untergrund, keimen sie, bilden neue Pilzfäden und später Fruchtkörper.

RÖHREN

LAMELLEN

LEISTEN

STRIEGELIGER SCHICHTPILZ

Dies ist ein sehr häufiger Baumpilz, der gerne an frisch geschlagenem Holz wächst und manchmal auch lebendige Bäume befällt. Die Weinwinzer fürchten ihn, da er die Rebstöcke befällt und die Reben zum Absterben bringen kann.

GEMEINER STEINPILZ

Er ist ein beliebter Speisepilz. Steinpilze gehen eine Partnerschaft mit Bäumen ein, helfen diesen bei der Aufnahme von Wasser und Mineralien aus dem Boden und werden umgekehrt von den Bäumen mit Nährstoffen versorgt.

GEMEINER SAFRANSCHIRMLING

Verletzt man diesen Pilz am Hut, rötet sich das Fleisch, daher der Name. Eigentlich kann man sie essen, aber es gibt sehr ähnliche giftige Verwandte, deshalb sei lieber vorsichtig beim Pflücken.

FALSCHER PFIFFERLING

Schon mancher Sammler war enttäuscht, als er diesen Pilz umdrehte und anstelle von Leisten Lamellen sah. Dies unterscheidet ihn vom Echten Pfifferling. Er schmeckt nicht so gut wie das Original und ist schwer verdaulich. Also besser: Finger weg!

WIESENCHAMPIGNON

Diese Pilze schmecken sehr gut, sollten aber nur gegessen werden, wenn die Hüte noch geschlossen und die Lamellen rosa sind. Ihr Fruchtkörper ist weiß. Vorsicht, wenn er gelb anläuft, könnte es sich um den giftigen Karbolegerling handeln.

GEMEINER RETTICH-HELMLING

Diese hübschen kleinen Pilze riechen ausgeprägt nach Rettich und sind ziemlich giftig. Es wird vermutet, dass sie sogar verschiedene Arten von Giften enthalten. Richtig gefährlich wird es erst, wenn du eine große Menge von diesem Pilz isst.

DIY PILZ-SPORENBILD

Pilze vermehren sich, indem sie von der Unterseite ihres Hutes Sporen freisetzen. Und davon haben sie jede Menge. Beim Wiesenchampignon können es bis zu 40 Millionen pro Stunde sein.

DU BRAUCHST:

10 unterschiedliche Pilze, 1 Holzbrett, 1 dickes Blatt Papier, 1 Messer, 1 Auflaufform, Haarspray

Schneide mit dem Messer die Stiele direkt unterhalb der Pilzhüte ab.

Lege das Papier auf das Brett und verteile darauf die Pilzhüte, mit den Lamellen nach unten. Stülpe die Auflaufform darüber und lass das Brett 3 Tage draußen stehen. Hände waschen nicht vergessen.

Hebe den Deckel vorsichtig hoch. Die Pilze hatten darunter ausreichend Luftfeuchtigkeit, um ihre Sporen abzuwerfen.

Um die Sporenabdrücke zu fixieren, sprühe das Bild mit Haarspray ein. Danach Hände waschen.

FERTIG IST DAS PILZSPORENBILD.

DER SELBSTMORD-MECHANISMUS

Jeden Tag atmen wir bis zu zehn Milliarden Pilzsporen ein. Das klingt bedrohlich, ist für einen gesunden Menschen aber kein Problem. Denn sobald Pilzsporen in die Lunge gelangen, sendet das Immunsystem ein Signal aus, das die Spore dazu bringt, sich selbst zu zerstören.

Kritisch sind Pilzsporen nur für Menschen, deren Immunsystem geschwächt ist. Hier funktioniert der Selbstmord-Mechanismus nicht und die Sporen können von der Lunge über das Blut in die Organe gelangen. Das kann zu gefährlichen Pilzinfektionen führen.

DIY RÄUCHERSTÄBCHEN

Harz wirkt wie Medizin: Es schützt vor Bakterien, beugt Entzündungen vor und beschleunigt die Wundheilung. Und es duftet angenehm – gerade, wenn man es verbrennt. Ein sehr bekanntes Räucherharz ist der Weihrauch. Aber auch Harz von Fichten und Kiefern eignet sich zum Ankokeln. Und genau das hat Julius vor: Er bastelt Räucherstäbchen aus Harz und Kräutern.

1

KRATZE DAS HARZ VORSICHTIG MIT EINEM STOCK VON DER RINDE UND FÜLLE ES IN EIN SCHRAUBGLAS.

2

Schneide frische Kräuter aus dem Garten oder kaufe sie im Supermarkt.

DU BRAUCHST:

4 Esslöffel Harz, 2 Handvoll Kräuter (zum Beispiel Rosmarin, Salbei, Wacholder, Nelken und Kardamom), 100 Milliliter Wasser, 2 Teelöffel Weizenmehl, 1 Teelöffel Zucker, 1 Tablette Räucherkohle, 3 Holzstäbchen, 1 Mörser, 1 Kochtopf, 1 Schneebesen, 1 Schale, 1 Löffel, 1 Schneidebrett

Lege dir alles zurecht. Bei den Kräutern ziehe die Nadeln und Blätter von den Zweigen ab.

Zerkleinere die Kräuter in einem Mörser. Gib das Harz zu den Kräutern und vermische alles miteinander.

Fülle Wasser in einen Topf, gib Mehl und Zucker hinzu und bringe alles unter ständigem Rühren zum Kochen. Nimm den Topf vom Herd und lass den Mehl-Zucker-Brei 2 Minuten abkühlen.

Lege die Räucherkohle in eine Schale und zerkleinere sie mit dem Löffel. Gib die Kräuter und den Brei in die Schale und verrühre alles miteinander. Ist die Masse zu klebrig, gib mehr Kräuter hinzu; ist die Masse zu trocken, rühre mehr Brei ein.

Lege vorsichtig die Masse um die Holz-stäbchen und forme sie zu gleichmäßi-gen Rollen.

HARZ – EiN BESONDERER STOFF

Die Nadelbäume schützen sich damit vor Verletzungen und Schädlingen. Bohrt zum Beispiel eine Laus ihren Rüssel in eine Nadel, verschließt der Baum die Wunde mit Harz. Manche Zapfen sind mit Harz verklebt, um Insekten, Vögel und Eichhörnchen davon abzuhalten, sie anzuknabbern. Frisst sich der Borkenkäfer durch die Rinde, um dahinter seine Eier abzu-legen, füllt der Baum das Einstiegsloch und die Gänge mit Harz aus, sodass der Käfer darin ertrinkt. Hast du schon mal einen Bernstein mit einem Insekt darin gesehen? Vor mehreren Millionen Jahren haben sich die Urzeitbäume auch gegen Termiten, Spinnen und Mücken gewehrt und sie mit ihrem Harz ein-balsamiert.

NOCH EIN KRITISCHER BLICK, OB DiE RÄUCHERSTÄBCHEN GUT GEDREHT SiND. BEVOR DU SiE iN DER WOHNUNG ANZÜNDEST, SCHALTE BESSER DEN RAUCHMELDER AUS!

WINTER

Der Winter ist die kalte Jahreszeit. Im Wald ist es karger und ruhiger als sonst. Die Laubbäume haben ihre Blätter abgeworfen und ihre Nährstoffe in den Wurzeln und Stämmen gespeichert. Die Nadelbäume sind robuster und trotzen mit ihren harten Nadeln den kalten Temperaturen. Einige Vögel sind in den wärmeren Süden gezogen, andere hier geblieben. Manche Waldtiere überwintern in Höhlen und Verstecken, andere sind noch aktiv und suchen nach der knapp gewordenen Nahrung. Julius hilft den Vögeln und „backt" für sie Futterknödel.

Wenn es schneit, gibt es im Wald jede Menge Fußabdrücke. Mit seinem Freund Mio geht Julius auf die Suche nach Spuren von Eichhörnchen, Hasen, Füchsen und Wildschweinen. Er erklärt dir, woran du sie unterscheiden kannst. Um auf Entdeckungstour auch im Tiefschnee gut voranzukommen, hat Julius sich Schneeschuhe aus Weidenzweigen gebastelt. Freu dich auf den Winter!

VON WEGEN WINTERSCHLAF

DIE BÄUME BEREITEN SICH MIT IHREN KNOSPEN SCHON AUF DEN FRÜHLING VOR

In den Knospen der Bäume stecken die Triebe für den Frühling. Dabei sind in den dünnen Knospen die Blätter beziehungsweise Nadeln angelegt, die dickeren Knospen enthalten die Blüten. Der Inhalt der Knospen ist wichtig für das weitere Wachstum des Baumes. So sind die sogenannten Terminalknospen, die am Ende der Zweige sitzen, dafür zuständig, dass der Baum schnellstmöglich in die Höhe wächst und sich einen Platz an der Sonne sichert.

Nehmen im Frühling die Länge des Tageslichtes und die Temperatur wieder zu, pumpt der Baum Wasser in die Knospen, sodass diese austreiben können.

Fichte
Die Knospen sind hellbraun, schlank und kegelig geformt. Sie sind je nach Art mehr oder weniger stark verharzt.

Kiefer
Die Knospen sind gelbbraun-rötlich, eiförmig und harzig. Anfangs sind sie von schuppenförmigen Blättern geschützt, die später abfallen.

Buche
Die Knospen sind ein bis drei Zentimeter lang, hellbraun, schmal und spitz. Sie sind mit zahlreichen Schuppen bedeckt.

Eiche
Die Knospen sind klein, eiförmig und braun. Mehrere von ihnen wachsen an den Enden der Zweige.

SCHUTZ VOR AUßEN

DELIKATESSE FÜR REHE

Damit die zarten Knospen bestmöglich geschützt sind, werden sie von dicken, pergamentartigen Schuppen umgeben. Diese sind überlappend angeordnet, damit Insekten nicht eindringen können. Zusätzlich sind die Schuppen mit einer Harzschicht überzogen, die sie vor Bakterien und Pilzen schützen. Auch Frost kann den Knospen nichts antun, da der Baum im Herbst das Wasser aus den Knospen zieht und im Gegenzug eine Zuckerlösung einlagert, die die Knospen vor dem Gefrieren bewahrt.

Leider sind diese süßen Knospen gerade im Winter, wo das Nahrungsangebot knapp ist, eine perfekte Kraftnahrung und Delikatesse für Rehe. Um zu wachsen, muss der Baum deshalb möglich schnell die Höhe überschreiten, auf der die Wildtiere fressen. Dies sind beim Reh 40 bis 70 Zentimeter. Jeder dritte Jungbaum ist in Deutschland vom Wild „verbissen". Um Schäden an jungen Baumbeständen durch Verbiss vorzubeugen, zäunen Förster diese häufig ein.

GANZ SCHÖN ALT
WIE DU MIT EIN PAAR REIßZWECKEN DAS ALTER VON BÄUMEN ERMITTELN KANNST

Bäume können ganz schön alt werden. Uns Menschen holen sie locker ein. Die Eiche liegt mit einer Lebenserwartung von 800 Jahren ganz vorne, manche werden sogar über 1.400 Jahre alt.

Das wäre so, als wenn dein Ur-Ur-Ur-Ur-Ur-Ur-Ur-Ur-Ur-Ur-Ur-Ur-Ur-Ur- Ur-Ur-Ur-Ur-Ur-Ur-Ur-Ur-Ur-Ur-Ur-Ur-Ur-Ur-Ur-Ur-Ur-Ur-Ur-Ur-Ur-Ur-Ur-Ur-Ur-Großvater eine Eichel in die Erde gesteckt hätte und du wärst dabei, wenn der Förster diese Eiche fällen würde.

SO ALT KÖNNEN BÄUME WERDEN

Eiche 800 Jahre
Kiefer 600 Jahre
Fichte 300 Jahre
Buche 300 Jahre

ALTER AM STAMMUMFANG ERMITTELN

Das Alter eines Baumes kann du anhand seines Stammumfangs ausrechnen. Hierzu lege ein Maßband oder eine Schnur, deren Länge du kennst, in einer Höhe von 1,5 Meter um den Stamm. Das Messergebnis setzt du in diese Formel ein:

FORMEL ZUM ERRECHNEN DES BAUMALTERS:

Stammumfang in Zentimeter · 0,8 = Baumalter

BEI DER 1.400 JAHRE ALTEN EICHE ERGÄBE DAS UMGERECHNET EINEN UMFANG VON 17,5 METERN.

Setze in der Mitte des Baumstumpfes die erste Reißzwecke.

ZÄHLE DIE LEBENSLINIEN AUF DEM BAUM-STUMPF. JEDES JAHR KOMMT EINE NEUE HINZU. DIE DUNKLEN LINIEN ENTSTEHEN IN DER WINTERZEIT, IN DER DER BAUM DIE NÄHRSTOFFE, DIE ER GESPEICHERT HAT, VERBRAUCHT. ZWISCHEN DEN LINIEN SIND HELLE SCHICHTEN, DIE IM FRÜHLING ENTSTEHEN, WENN AN DEM STAMM NEUES HOLZ WÄCHST. ZUSAMMEN ERGEBEN SIE EINEN JAHRESRING.

Stecke im Abstand von jeweils zehn dunklen Linien (Jahren) weitere Reißzwecken in den Stumpf. Gehe von innen nach außen.

Wenn du fertig bist, zähle die Reißzwecken in 10er-Schritten und addiere die äußeren Linien dazu.

BIWAK BAUEN MIT MIO

Julius und sein Freund Mio finden im Wald das Grundgerüst eines Biwaks und machen sich gleich ans Werk, es fertigzubauen. Was es dabei zu beachten gibt, hat Julius auf diesen Seiten zusammengefasst. Wichtigste Regel: Um die Umwelt zu schonen, säge und schneide nichts von lebenden Bäumen und Pflanzen ab – in der Natur findest du genug Baumaterial für ein Biwak herumliegen. Wenn du nach dem Bauen wieder heimgehst, baue das Biwak wieder ab, sammle die Abfälle ein und wirf sie in den nächsten Mülleimer.

1. Suche einen geeigneten Platz

Die Stütze deines Biwaks sind zwei oder drei Bäume, an die du die Stämme lehnst. Diese sollten nicht so weit voneinander entfernt stehen und der Boden frei von herausragenden Wurzeln, spitzen Steinen und Ameisennestern sein. Richte die Öffnung des Biwaks nicht nach Westen aus, da sonst der Wind hinein pfeift. Wie du die Himmelsrichtung ohne Kompass bestimmst, zeigt Julius dir auf Seite 64.

BUSHCRAFTING

Mit diesem Begriff (aus dem Englischen: bush = Busch, craft = Handwerk) bezeichnet man die Beschäftigung im Wald mit dem Ziel, dort Zeit zu verbringen. Dazu gehört es, Unterkünfte zu bauen, Werkzeuge herzustellen, Feuer zu entfachen und Essen zuzubereiten. Klingt nach Abenteuer, ist aber mehr! Bei diesem Trend geht es nicht nur um das Lernen von Überlebenstechniken in der Natur, sondern um das Leben in und mit der Natur.

2. Setze die Grundpfeiler

Suche dünne Baumstämme im Wald zusammen und lehne sie gegen die Bäume. Stecke sie so ineinander, dass sie dem Biwak Stabilität geben. Du kannst die Stämme auch mit einer Kordel verbinden.

3. Ziehe die Wände ein

Hierfür brauchst du viele stabile Äste. Stecke diese zwischen die Stämme, arbeite dabei von unten nach oben. Auch hier kannst du zur Stabilität eine Kordel verwenden. Vergiss nicht, den Eingang freizulassen. Dichte die Wände mit Zweigen ab, indem du sie waagerecht erst unter einen Ast, dann über den nächsten und so weiter steckst.

4. Verschönere dein Biwak

Für die Deko kannst du alles nehmen, was der Wald dir bietet. Das können Efeu, Farne, Rinde und Zapfen sein, aber auch Kleidungsstücke, Reifen oder andere Abfälle, die von rücksichtslosen Menschen im Wald entsorgt werden. So kannst du sie nutzen und danach entsorgen.

WAS MACHEN DIE TIERE IM

ZUGVÖGEL

Hast du im Herbst schon mal am Himmel Vögel im Formationsflug gesehen? Häufig bilden sie eine Keilform, da die Tiere durch den Sog des Flügelschlags der Vögel vor ihnen mitgezogen werden. Vorne, wo es am anstrengendsten ist, fliegt der Leitvogel, der am meisten Kraft und Erfahrung hat. Dicht gefolgt von seinen Konkurrenten, die darauf warten, für eine Weile seine Position einzunehmen. Gemeinsam fliegen sie nach Südeuropa und Afrika, da zuhause im Winter das Futter knapp wird. Um für die anstrengende Reise gerüstet zu sein, fressen sich die Vögel einen Winterspeck an. Typische Zugvögel sind Kraniche, Störche, Schwalben und der Kuckuck.

KUCKUCK
„kuck-uck kuck-uck"

KRANICH
„krru-krarr krru-kraar"

STANDVÖGEL

Standvögel haben ein dickes Gefieder und fressen sich für den Winter eine Fettschicht an. Damit schaffen sie es, das ganze Jahr über am selben Ort zu bleiben. Zu ihnen gehören Amseln, Meisen, Spechte und der Waldkauz.

TEILZIEHER

Sie machen beides: Ein Teil bleibt zuhause, ein Teil zieht in den Süden. Etwa 80 Prozent unserer Vögel sind Teilzieher, darunter Buchfink, Star, Stieglitz und Rotkehlchen.

STIEGLITZ
„tickelitt telitt-telitt-telitt"

STAR
„ärr ärr ärr"

TANNENMEISE
„si-si wize-wize"

BUNTSPECHT
„kix kix kix kix"

WINTER?

ÜBERLEBENSSTRATEGIEN IM WINTER

Welches die beste Strategie für Vögel ist, hängt vom Winter ab: Ist er eisig, sterben mehr Stand- als Zugvögel. Ist der Winter mild, finden die Zugvögel bei ihrer Ankunft zu wenig geeignete Brutstellen, da diese von den Standvögeln schon belegt sind.

Die Tiere, die im Winter zuhause bleiben, müssen sich vor der Kälte schützen und sich mit dem knappen Nahrungsangebot in den Wäldern zurechtfinden. Dabei verfolgen sie unterschiedliche Strategien:

Winterstarre
Frösche (Foto), Schildkröten und Eidechsen passen ihre Körpertemperatur der Umgebungstemperatur an. Sollte es frieren, haben die Tiere eine Art Frostschutzmittel im Körper, das im Wesentlichen aus Zucker besteht und ihr Blut flüssig hält. Während der Winterstarre beschränken die Tiere ihre Körperfunktionen auf ein Minimum und verbrauchen so kaum Energie. Wenn es im Frühling wärmer wird, tauen sie wieder auf.

Winterschlaf
Manche Tiere fahren ihre Körperfunktionen stark herunter und verfallen für mehrere Wochen in einen Schlaf. So atmet der Igel während dieser Zeit nur ein bis zwei Mal pro Minute statt sonst bis zu 50 Mal. Der Siebenschläfer (Foto) gräbt ein Loch in die Erde und schläft darin – vor Frost geschützt – zusammengerollt sieben Monate lang. Um nicht zu verhungern, fressen sich die Tiere vorher ein Fettdepot an.

Winterruhe
Manche Tiere fallen im Winter in einen tiefen Schlaf, wachen aber ab und an auf, um die Schlafposition zu ändern, zu fressen und „ihr Geschäft zu machen". Ihre Körpertemperatur sinkt in dieser Phase nicht ab. Die Eichhörnchen halten Winterruhe und suchen zwischendurch nach den von ihnen im Herbst versteckten Nüssen und Samen.

Winterkuscheln
Im Winter bleiben die Bienen in ihrem Stock und leben von ihren Vorräten. Damit sie dabei nicht erfrieren, bilden sie eine Kugel und vibrieren mit ihren Körpern. Dabei heizen sie den Stock auf über 20 Grad auf. Die Königin befindet sich in der Mitte der Kugel, wo es am wärmsten ist. Die äußeren Bienen tauschen regelmäßig ihre Plätze, um sich aufzuwärmen.

DIY FUTTER-MUFFINS

Im eisigen Winter mit Temperaturen unter null Grad haben es die Standvögel schwer, Futter zu finden. Da will Julius helfen – er „backt" Muffins für sie.

DU BRAUCHST:

200 Gramm Kokosfett, je 50 Gramm ungesalzene Erdnüsse, Cashewkerne, Sonnenblumenkerne, Haferflocken und Rosinen, 1 Schere, 1 Kochtopf, 1 Löffel, 10 Muffinformen, 10 Stücke Kordel (je 30 Zentimeter lang), 10 dünne Zweige (je 5 Zentimeter lang)

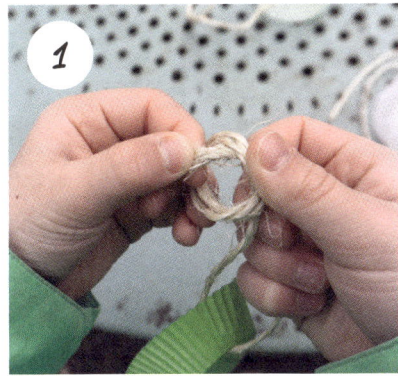

Bohre mit der Schere ein kleines Loch in die Muffinformen, ziehe die Kordel hindurch und verknote sie an den Enden.

Gib das Fett in den Topf und erhitze es, bis es geschmolzen ist.

Nimm den Topf von der Herdplatte und streue die Nüsse, Körner und Rosinen hinein. Rühre die Futtermischung mit dem Löffel gut um.

Verteile die Mischung auf die Muffinformen. Gieße auch etwas von dem flüssigen Fett darüber. Stecke die Zweige in die Mischung und lass die Muffins aushärten. Wenn du sie in der Küche zubereitest, stell sie zum Abkühlen nach draußen.

SPURENSUCHE IM SCHNEE

Julius und Mio haben auf ihrer Entdeckungstour einige Spuren im Schnee gefunden und konnten sie den Waldtieren zuordnen. Das ist nicht immer leicht, da die meisten Tiere nachts auf Beutejagd gehen, sind manche Spuren am nächsten Morgen schon verweht. Außerdem tummeln sich die Tiere an Futterstellen im Wald, und es ist schwer, einzelne Fährten zu finden. Aber diesmal hatten die Freunde Glück. Probiere es auch mal aus und fotografiere die Spuren im Schnee.

Mio

SCHNEE-SPUREN-SUCHHILFE

MAUS	EICHHÖRNCHEN	HASE	MARDER

EICHHÖRNCHEN

FUCHS

MARDER

REH

HASE

WILDSCHWEIN

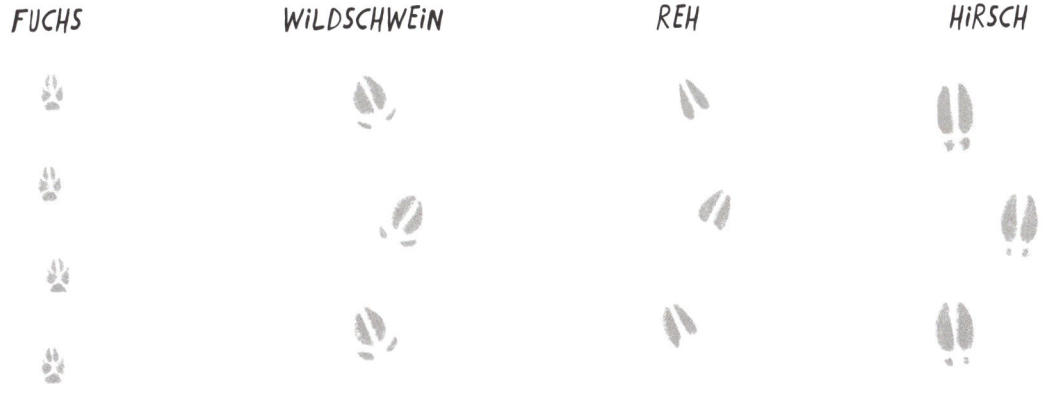

FUCHS	WILDSCHWEIN	REH	HIRSCH

DIY SCHNEESCHUHE
FÜR DEN RICHTIGEN GRIP IM SCHNEE

Wenn es im Winter schneit, brauchst du warme Kleidung und wasserdichte Schuhe mit ordentlich Profil. Um im Wald auch abseits der Wege gut voranzukommen, sind Schneeschuhe hilfreich. Eigentlich sind das keine richtigen Schuhe, sondern kurze Skier mit spitzen Zacken an der Unterseite, die man sich unter die Schuhe bindet. Dadurch hast du einen besseren Halt im Schnee und sinkst nicht so leicht ein.

Schneeschuhe für Kinder sind in der Regel aus Plastik und kosten zwischen 50 und 100 Euro. Da bastelt Julius sich lieber selbst welche aus Zweigen. Die sind wesentlich günstiger und haben den Vorteil, dass man sich nahezu geräuschlos an die Tiere im Wald heranpirschen kann – genauso wie es die Trapper (Jäger und Fallensteller) im 19. Jahrhundert in Nordamerika gemacht haben.

Für dieses DIY brauchst du biegsame Zweige – ideal sind die von Weidenbäumen. Da sie im Vergleich zu anderen Bäumen sehr schnell wachsen (dafür aber nicht älter als 80 Jahre werden), lassen sich die Zweige gut biegen und zum Flechten von Körben, Vogelnistplätzen, Kräuterbeeten und vielem mehr verwenden.

DU BRAUCHST:

2 Weidenzweige (je 75 bis 100 Zentimeter lang), 1 Handsäge, 1 Handbohrer,
1 Kneifzange, 4 Meter Wickeldraht, 5 Meter Kordel

Suche am Fuße einer Weide nach
Zweigen und säge zwei Stück auf die
passende Länge.

Bohre an den Enden der Zweige je ein
Loch hinein.

Ziehe den Draht durch ein Loch und
wickele ihn um das Zweigende.

Biege den Zweig, bis die beiden Enden
aneinander liegen. Zieh den Draht
durch das andere Loch und verbinde die
Zweigenden miteinander, indem du den
Draht um sie wickelst.

Ziehe den Draht quer über den
gebogenen Holzrahmen und wickele
ihn an den Seiten einmal extra um den
Zweig, damit er nicht verrutscht.

Ist das Drahtnetz gespannt, kneife den
überstehenden Draht mit der Zange ab.
Befestige die Kordel mit einem Knoten
an den Zweigenden.

Binde die Kordel um den Rahmen und
wickele sie an den Seiten extra um den
Zweig, damit sie nicht verrutscht.
Spanne die Kordel nicht zu fest, dein
Schuh muss noch hineinpassen.

DAS GAB'S IM WALD

JULIUS FORSCHT WEITER ...

Wieso ist das Meerwasser salzig? Wie entsteht eigentlich Wind? Was ist das für ein Pilz, der in den Dünen wächst? Begleite Julius dabei, wie er diesen und vielen anderen Fragen auf den Grund geht. Und das neue Wissen gleich ausprobiert: Er nimmt einen Krebs auf die Hand, um dessen Gang genau zu beobachten. Oder er beißt in den Queller, der das Meersalz in seinen Stängeln ablagert. Als großer Do-it-yourself-Fan gibt er tolle Basteltipps, zum Beispiel für einen Drachen oder einen coolen Schlüsselanhänger aus Treibholz.

Der erste Schritt in die Freiheit, volle Pulle den Berg runtersausen – das Fahrrad macht's möglich. Aber welcher Radtyp passt zu mir? Wie gut schützt ein Fahrradhelm aus Kunststoff? Ist ein Mountainbike ohne Lampen im Straßenverkehr erlaubt? Julius will alles genau verstehen und probiert das neue Wissen selbst aus: Er testet seine Bremsen auf unterschiedlichen Böden und macht ein Gangschaltungsexperiment. Für DIY-Fans gibt Julius Tipps zur Verschönerung von Lenker und Klingel und bastelt aus einer alten Bremse eine Schreibtischlampe.

Auch Kinder können Erste Hilfe leisten. Julius zeigt, wie man Schürfwunden verbindet, verstauchte Knöchel versorgt und Verletzte in die stabile Seitenlage bringt. Nebenbei erforscht er den Körper: Wie repariert sich Haut nach einem Schnitt? Können Knochen an derselben Stelle zweimal brechen? Warum wird man bewusstlos? Dazu gibt es jede Menge zu entdecken, zum Beispiel bei dem Eierglasexperiment, der Lungenvolumenmessung und dem Kreislauftest, und zu basteln, zum Beispiel eine Gipshand, eine Spitzwegerichsalbe und ein Kirschkernkissen.

Michael König
JULIUS FORSCHT – AM MEER
Forschen, Entdecken, Basteln
96 Seiten, 19,0 × 24,5 cm, Flexcover
15,00 € (D) | 15,50 € (A)
ISBN 978-3-98145-666-0

Michael König
JULIUS FORSCHT – RUND UMS RAD
Forschen, Entdecken, Basteln
96 Seiten, 19 × 24,5 cm, Flexcover
15,00 € (D) | 15,50 € (A)
ISBN 978-3-98145-668-4

Michael König
JULIUS FORSCHT – ERSTE HILFE
Forschen, Entdecken, Basteln
96 Seiten, 19 × 24,5 cm, Flexcover
15,00 € (D) | 15,50 € (A)
ISBN 978-3-98215-300-1

IMPRESSUM

© 2021 Olivia Verlag München
1. Auflage 2021

Olivia Verlag e. K.
Frickastraße 14
80639 München

olivia-verlag.de
julius-forscht.de

ISBN 978-3-98215-301-8

Texte und Fotos
Michael König

Redaktion
Michael Albrecht

Lektorat
Jürgen Albrecht, Gerda Baier, Gerd Baier, Chantal Hinni, Andrea Schefold

Weitere Fotos
Andrea Wong: S. 55 | Chantal Hinni: S. 69 | Depositphotos: S. 4, 85, 94, Backcover, georgeburba | istockphoto: S. 12, janny2, HadelProductions, S. 17, SeppFriedhuber, S. 23, Anna Grigorjeva, Mantonature, S. 24, grandaded, skibreck, S. 48, Henrik_L, S. 54, Kuzmalo, S. 55, Neil_Burton, Andyworks, S. 57, Natalya Vilman, S. 65, Sander Meertins, S. 69, Andreas Steidlinger, S. 84, MikeLane45, Anagramm, CathyDoi, JeffGoulden, S. 85, Pakhomov Andrey, Michel VIARD, SusanneSchulz | Peter Wassong: S. 84 | Shotshop: S. 12, 54, Digitalpress | unsplash: S. 16, Kevin Jackson, Andrea Chioldin, Nicomiot photographies, S. 17, Vincent van Zalinge, Lindz Marsh, S. 36, Ilja Frei, Thomas Vogel, S. 37, Michel Catalisano, S. 79, Benjamin Raffetseder, S. 84, strong-fish

Gestaltung und Illustrationen
Andrea Wong – andreawong.de

Druck und Bindung
Florjančič tisk d. o. o. – florjancic.si